U0619756

中国文化知识读本

Zhongguo Wenhua
Zhishi Duben

洪昇与《长生殿》

主编　金开诚

编著　李秀萍

吉林出版集团有限责任公司

吉林文史出版社

图书在版编目（CIP）数据

洪昇与《长生殿》/ 李秀萍编著 . 一长春：吉林
出版集团有限责任公司: 吉林文史出版社, 2009.12（2022.1重印）
（中国文化知识读本）
ISBN 978-7-5463-1982-7

Ⅰ . ①洪… Ⅱ . ①李… Ⅲ . ①洪昇（1645～1704）–
人物研究②长生殿–文学研究 Ⅳ . ① K825.6②I207.37

中国版本图书馆 CIP 数据核字（2009）第 237392 号

洪昇与《长生殿》

HONGSHENG YU CHANGSHENGDIAN

主编/ 金开诚　编著/李秀萍

责任编辑/曹恒　于涉 责任校对/樊庆辉

装帧设计/曹恒　摄影/金诚　图片整理/董昕瑜

出版发行/吉林文史出版社　吉林出版集团有限责任公司

地址/长春市人民大街4646号　邮编/130021

电话/0431-86037503　传真/0431-86037589

印刷/三河市金兆印刷装订有限公司

版次/2009 年 12 月第 1 版　2022 年 1 月第 4 次印刷

开本/650mm×960mm　1/16

印张/8　字数/30千

书号/ISBN 978-7-5463-1982 -7

定价/34.80元

关于《中国文化知识读本》

　　文化是一种社会现象，是人类物质文明和精神文明有机融合的产物；同时又是一种历史现象，是社会的历史沉积。当今世界，随着经济全球化进程的加快，人们也越来越重视本民族的文化。我们只有加强对本民族文化的继承和创新，才能更好地弘扬民族精神，增强民族凝聚力。历史经验告诉我们，任何一个民族要想屹立于世界民族之林，必须具有自尊、自信、自强的民族意识。文化是维系一个民族生存和发展的强大动力。一个民族的存在依赖文化，文化的解体就是一个民族的消亡。

　　随着我国综合国力的日益强大，广大民众对重塑民族自尊心和自豪感的愿望日益迫切。作为民族大家庭中的一员，将源远流长、博大精深的中国文化继承并传播给广大群众，特别是青年一代，是我们出版人义不容辞的责任。

　　《中国文化知识读本》是由吉林出版集团有限责任公司和吉林文史出版社组织国内知名专家学者编写的一套旨在传播中华五千年优秀传统文化，提高全民文化修养的大型知识读本。该书在深入挖掘和整理中华优秀传统文化成果的同时，结合社会发展，注入了时代精神。书中优美生动的文字、简明通俗的语言、图文并茂的形式，把中国文化中的物态文化、制度文化、行为文化、精神文化等知识要点全面展示给读者。点点滴滴的文化知识仿佛繁星，组成了灿烂辉煌的中国文化的天穹。

　　希望本书能为弘扬中华五千年优秀传统文化、增强各民族团结、构建社会主义和谐社会尽一份绵薄之力，也坚信我们的中华民族一定能够早日实现伟大复兴！

目录

一可怜一曲《长生殿》断送功名到白头

（一）洪昇生平简介

洪昇（1645—1704 年）是清代一位伟大的戏曲作家、诗人。字昉思，号稗畦，又号稗村、南屏樵者，钱塘（今浙江杭州市）人。

洪姓世代书香是钱塘有名的家族。他就出生在杭州这样一个富裕的士大夫家庭，家里藏书很多，有"学海"之称。其父名字不详，但是喜好读书，也很健谈，在清朝做过官。母亲是大学者黄机的女儿。年少的时候，曾接受过正统的儒家思想教育。洪昇学习非常勤奋，很早就显露出才华，15 岁时就已经很有名气了，20 岁时已创作

洪昇故居

洪昇与《长生殿》

国子监

出了许多诗文词曲，受到人们广泛称赞。洪昇小的时候就常和自己的表妹、黄机的孙女一同游戏，两人青梅竹马，康熙三年（1664年）七月，洪昇20岁，两个人亲上加亲，结成夫妻。4年后，洪昇曾到北京的国子监学习，想以此求取功名，可呆了一年，却并没有得到任何进身的机会。感慨之余，又常常怀念家乡的朋友，想念自己的母亲，所以在失望中回归故乡。洪昇的师友，对于孝节等道德观念非常尊崇。他的老师陆繁弨即"以孝义为乡里表率"；好友陆寅也以"性孝友"为人称道，影响所及，洪昇亦努力做一个孝子。但是当洪昇回到杭州以后，由于别人的挑拨

客居京城，洪昇艰难度日

离间，他和父母的关系竟日益恶化，最后不得不带着妻子与父母分开另过。在这期间，他为了衣食生计到处奔波，有时穷得甚至吃不上饭。事情却并没有到此结束，父母的愤怒有增无减，没有办法，洪昇只好躲出杭州，康熙十二年（1673年）冬天，又一次前往北京谋生，怀着痛苦的心情，一住就是十七年。

在客居京城的日子里，洪昇生活艰难，甚至不得不靠卖文为生。虽然是无辜被父母斥逐，但洪昇仍竭心尽力地做着孝子。康熙十八年冬，洪昇35岁那年，他的父亲遭诬陷而被流放远方，母亲也被责令同行。听到这个消息，他日夜兼程，赶回杭州，侍奉父母北行，又四处奔走呼号，向一些王公大臣求情，后来终得以赦免，为此他已经面黄肌瘦，心力交瘁。经过这一场变故，洪昇父母的生活也没有了保障，本已拮据的洪昇又担负起赡养父母的责任。他多次返乡探望父母，屡屡奔波于北京、杭州之间。飘零奔波的生活，使洪昇身心疲惫，感受到难言的痛苦。也正是这苦难的生活使他开始注意到了普通百姓的疾苦，写了《京东杂感》《衢州杂感十首》等诗，表达了对百姓历遭兵灾、水灾的深切同情，更体现出洪昇对社会现实有了更深的认识。

康熙二十七年(1688)，洪昇把传奇戏曲《舞霓裳》改写为《长生殿》，刚写出稿子，立即受到朋友们的称赞。在演员们的要求下，这个本子被搬上了舞台，成为当时最受欢迎的剧目。此剧更被康熙皇帝看中，招当时的戏班演出《长生殿》，引起巨大轰动，以至于亲王大臣们凡是有宴会，就一定会演出此剧，而且赏赐也极为丰厚。第二年秋天，戏班为了答谢洪昇，在他的寿诞之日，为他来了个专场演出。洪昇非常高兴，和好朋友一起庆祝，京师各界有名之士五十余人前来捧

《长生殿》的演出在京城引起了巨大轰动

可怜一曲《长生殿》 断送功名到白头

场，观看演出，此时的洪昇可以说前途一片光明。不料乐极生悲。他忽略了当时正是孝懿皇后的丧期，全国还处在祭奠之中，又由于洪昇平时狂放不羁，颇为时俗所妒，因而被一个叫黄六鸿的人举报，以国丧时大肆行乐的"大不敬"罪名上书皇帝弹劾了洪昇。于是，洪昇被刑部定罪打入牢中，放出来后，被国子监除名。连那些看戏的人也多被处分、革职。其实当时正是朝廷内南北两党之争。南党以刑部尚书徐乾学为首，多为汉族官僚；北党以相国明珠为首，多为满族官僚，互相争斗、抨击。洪昇与南党中的人比较亲近，与南党中重要人物

由于政局变动，《长生殿》也受到了波及

洪昇与《长生殿》

高士奇关系密切，而《长生殿》所写兴亡之
恨，在明清易代之际，实在是个敏感的题目；
安禄山又是胡人，很易引发联想。于是北党
就抓住这个机会向南党发难，借洪昇在国丧
期间演剧，挑起事端来打击自己的政敌。

洪昇没想到会因《长生殿》而遭遇大难

　　"可怜一曲《长生殿》，断送功名到白
头。"洪昇怎么也没想到自己呕心沥血十多
年，多次改稿，在穷困潦倒中写出的《长生
殿》，竟然落了个害己又害人的下场。洪昇
遭此大难，在京城中饱受歧视和讽刺，让他
难以安身，于是心灰意冷，甚至想到佛教中
去寻求解脱，最终于康熙三十年返回故乡钱
塘。其实康熙皇帝并没有对《长生殿》剧本
加以深究，康熙三十四年，《长生殿》重新
刊刻出版，洪昇的老友毛奇龄作序，序中说：
"予敢序哉？虽然，在圣明固宥之矣。"明
确指出康熙帝已不再追究这部剧本。虽然作
者洪昇受到戏的连累，被除名返回乡里，可
以说是命运一落千丈，但戏却没受作者之累
而冷落，更没有受到观众的冷落。洪昇返乡
不久，京师戏班不仅照演《长生殿》，而且
名士朱彝尊、毛奇龄、尤侗等分别作序的《长
生殿》剧本，相继刊刻出版。

　　康熙三十六年，在江苏巡抚宋荦命人安

曹寅很欣赏洪昇，《长生殿》重新搬上舞台

排演出《长生殿》时，前来观看的人密如
蚁群，场面相当壮观。1704年，60岁的洪
昇应江南提督张云翼的邀请来到松江。张
云翼把洪昇奉为上宾，特意召集宾客，选
了几十名好演员，上演《长生殿》。从此
之后，吴山、松江（今上海）等地的昆剧
班也相继演出。康熙四十三年，当时江宁
织造曹寅，也就是《红楼梦》作者曹雪芹
的祖父一向很有诗才，通晓声律，他在府
内聚集了南北名流举行盛大的宴会，重演
《长生殿》，特请洪昇来观看，并独让洪

从康熙年间到清末，《长生殿》始终是民众喜爱的剧目

昇居于上座，置《长生殿》本在席上，给自己也放了一本。每当优人演出一折后，曹寅就与洪昇讨论，三天三夜才结束。离开京师，在乡下落魄生活了十多年，又看到了自己辉煌的剧作，洪昇悲喜交加。不幸的是，这也是他最后一次看《长生殿》的演出。自江宁返家途中，走到乌镇的时候，洪昇酒后登船，不小心失足落水而死。一代杰出的剧作家竟这样离去，结束了他坎坷的一生。

从康熙年间，直到清末，《长生殿》始终是深受民众喜爱的剧目，传唱不衰。清人梁廷枏在《曲话》中说："《长生殿》至今，百余年来，歌场舞榭，流播如新。"

《长生殿》剧照

（二）洪昇的文学成就

洪昇是一位具有多方面才能的作家，一生著述甚富，致力于戏曲创作，他在文学创作上的主要成就也表现在戏曲方面。他的传奇著作除《长生殿》外，还有《回文锦》《回龙记》《锦绣图》《闹高唐》《节孝坊》《天涯泪》《青衫湿》《长虹桥》共九种，杂剧有《四婵娟》一种，现在保存下来的只有《长生殿》和《四婵娟》两部。《长生殿》在中国戏曲史上占有重要地位，它使洪昇成为中国古代戏曲的代表作家之一，与清初另一戏曲大家孔尚任并称"南洪北孔"。《四婵娟》以古代才女韵事为题材，在创作时模仿徐渭的《四声猿》的体制，是由四个单折短剧组成，每折各写一个故事。第一折是谢道韫咏雪擅诗才，写谢道韫和叔父谢安咏雪联吟的故事；第二折是卫茂漪簪花传笔阵，写卫茂漪向王羲之传授簪花格书法的故事；第三折是李清照斗茗话幽情，写李清照和她的丈夫赵明诚斗茗评论古来夫妇的故事，赞美李清照和赵明诚夫妇是千古第一等的美满夫妻；第四折是管仲姬画竹留清韵，写管仲姬和她的丈夫赵子昂泛舟画竹的故事。《四婵娟》

取材于历史上才女的佳话，四折间无内在联系，以抒情的词笔、闲适的心情描写诗人和才女们的才情，着力反映谢道韫、卫茂漪、李清照、管仲姬四位才女的才华及她们富有情调和充满文学艺术氛围的美满家庭生活，歌颂了主人公的才华和爱情，表现了作者一定程度的民主思想，反映了作者的妇女观及美学思想和爱情理想，和他在《长生殿》中描写的李、杨爱情有相同之处。

洪昇是一位著名的戏曲作家，也是一位颇有才华的诗人，早年就以诗闻名，其诗文词曲均达相当水平。诗集《啸月楼集》《稗畦集》和《稗畦续集》，集中多是纪游、赠

稗畦草堂本《长生殿》

可怜一曲《长生殿》 断送功名到白头

《长生殿》剧照

人和感怀之作，内容大都感慨自己的坎坷身世和抒发个人的穷愁，调子比较凄凉。间或也有感慨兴亡及同情人民的诗篇。他的诗虽然思想不甚深，却具有真情实感。诗风接近唐人，于平淡处见功力，无雕琢矫饰之弊。他的散曲现存者有五个套数，虽是应酬之作，却也流露出他潇洒恬淡的情怀，遣词造句，清新秀逸，可以看出作者的功力。他的诗在编选时删削很多，就其主要内容来看，反映了他抑郁困顿的生平，并流露了感叹兴亡的思想情绪。

二 痴心人系痴情结长生殿
谱长恨歌

洪昇创作《长生殿》相当艰辛，历经十多年，其间曾三次易稿。在康熙十二年（1673年）时，洪昇写了《沉香亭》传奇，是有感于李白之遇而创作的，主旨是写李白作"清平三绝"，感叹李太白一生的坎坷与不幸遭遇。康熙二十七年，又将其改写为《霓裳舞》，"去李白，入李泌辅肃宗中兴"，也就是删去了有关李白的情节，加入了李泌辅助肃宗中兴的内容。"后又念情之所钟，在帝王家罕有，马嵬之变，已违夙誓，而唐人有玉妃归蓬莱仙院，明皇游月宫之说，因合用之，专写钗合情缘"，根据《长恨歌》《梧桐雨》等有关描写对

李白雕像

洪昇与《长生殿》

剧本予以重新构造，主要描写唐玄宗与杨贵妃的爱情悲剧，并加以兴亡之感的抒发，这就是第三稿，也就是我们现在所说的《长生殿》。

杨贵妃雕像

(一)《长生殿》内容介绍

唐明皇李隆基继位初期，励精图治，使得国势强盛，百姓生活安定，但他后来却寄情声色，下旨选美。因发现宫女杨玉环才貌出众、德性温和、风姿秀丽，随即生出"软玉温香抱满怀"的渴望，于是册封其为贵妃，在金殿上举行册封典礼。杨贵妃盛装之下，雍容华贵，香艳袭人，惹得唐明皇意乱情迷、神魂颠倒。唐明皇赐予金钗和钿盒为定情信物，取其"情似坚金，钗不单分盒永完"的意思，二人立下海誓山盟。自此后，唐明皇更是对"面似满月，体似佳酪"的杨玉环百般体贴，怜爱有加。杨玉环自册封为贵妃，荣耀及于一门，杨氏家族其兄弟姊妹都获得了封赏。她的三个姐妹亦是貌美如花，分别被封为韩国夫人、虢国夫人、秦国夫人，哥哥杨国忠更是被任命为右相。但杨国忠仗着妹妹在皇帝面前的恩宠和自己的权势收受贿赂，卖官鬻爵，使得朝廷风气大坏，政治日渐腐败。

广寒宫主嫦娥，吩咐引杨玉环之魂魄前来月宫，听取《霓裳羽衣》仙乐。曲子演奏结束之后，又将杨贵妃送归宫殿中。杨贵妃回忆梦中在月宫中听来的仙乐，谱制成了《霓裳羽衣》新曲演奏给唐明皇听，唐明皇也非常精通乐律，一听就知是千古奇章，随即命令梨园弟子练习演奏。乐师李龟年率领梨园弟子排练杨贵妃谱制的《霓裳》新曲，笛师李暮于月明之夜，偷听新曲，并以笛声相和，领会曲中妙境，陶醉不已，直到曲终人散才离开。唐明皇与妃子到骊山避暑，正赶上杨贵妃过生日，因此命令在长生殿设宴称庆。席间，百官向杨贵妃

霓裳羽衣舞

洪昇与《长生殿》

进贺，奏起霓裳新曲，杨贵妃在翠盘中翩然起舞，仿佛天上的仙女降落人间，唐明皇十分高兴，亲自把盏，对杨贵妃大加称赞。唐明皇还曾为博得杨贵妃的欢心，不惜劳民伤财，耗费大量人力物力从涪州、海南两地运荔枝，为了保持新鲜，路上不得超过七日。为此，驿使们昼夜兼程、累死大量马匹，一路踏坏庄稼、踏死路人，百姓怨声载道。

一年春天，唐明皇与杨贵妃游幸曲江，秦、虢、韩三国夫人随驾，唐明皇被杨贵妃的姐姐虢国夫人自然天成之美所迷，召虢国夫人入宫侍候。杨贵妃赶至，唐明皇托词有恙，需要静养。但被杨贵妃发觉了翠钿、凤舄，揭穿真相，大为不快，醋性大发，言语间触怒了明皇，明皇一怒之下，命高力士将她送归相府。此后，唐明皇坐立不安，后悔不已。高力士将此情景报与贵妃，杨贵妃于是剪下自己的一缕青丝，托他献给唐明皇。杨贵妃的离去，使唐明皇发现六宫之中没有一个人合自己的心意，由此发出了"佳人难得"的感叹。于是又命高力士连夜将其迎接回宫。分离的情愁加深了他们的感情，两人和好如初。可无独有偶，唐明皇深感自己因杨贵妃而冷落了昔日珍爱的梅妃，就赏给其珍珠，并与梅妃睡在

高力士塑像

洪昇与《长生殿》

华清池杨贵妃塑像

翠华西阁，杨贵妃大怒，第二天一大早，便赶到二人住处，高力士正在阁门外望风，见贵妃来到，立即向唐明皇报告，唐明皇惊惶失措，命梅妃从夹道中出阁。贵妃拾得梅妃遗下的翠钿，撒娇使性，赌气将金钗钿盒交还唐明皇，并要求出宫。唐明皇赔笑脸，说好话，承认过错，才平息了这场风波。二人的感情日积月累，越来越深。七月七日乞巧节是牛郎织女相见的日子。在宫中，杨贵妃在长生殿上乞巧。唐明皇来到，于是就与杨贵妃一起，面对天上的牛郎织女星，焚香立誓，愿意世世生生，永为夫妇，永不分离。

唐明皇只顾与杨贵妃甜蜜恩爱，共享歌舞升平，

马嵬坡杨贵妃衣冠冢

杨贵妃雕像

痴心人系痴情结　长生殿谱长恨歌

无心政事。边将安禄山损兵折师，按律当斩，却因贿赂杨国忠开脱了罪责，败军之将不但免于一死，反而被皇帝赐给杨贵妃作为义子，并且升了官。自从安禄山被加官晋爵以后，骄横跋扈，连杨国忠也不放在眼里，常常出言顶撞，在皇帝面前互相攻讦。唐明皇见将相不和，难以同朝共事，就将安禄山任命为范阳节度使，可这却是一个失策之举。安禄山早与杨国忠争权，一到范阳后，立即招兵买马，妄图进兵中原，夺取天下。在这国难当头的危急时刻，唐明皇还沉湎在酒色之中，他与杨贵妃双双来到御花园中，一边欢饮，一边观赏秋景。

据《霓裳羽衣舞》修建的杨贵妃起舞雕塑

洪昇与《长生殿》

杨贵妃以一曲《霓裳羽衣曲》博得了皇上的宠爱

唐明皇李隆基面对美不胜收的人与景，不禁
邀杨贵妃歌唱李白的《清平调》，自己则拿
起玉笛为其和乐。杨贵妃凭新谱《霓裳羽衣
曲》获得了唐明皇的赞美，二人开怀畅饮，
贵妃不胜酒力，劝饮至醉，先回宫安寝。就
在这欢娱祥和的气氛达到高潮之际，丞相杨
国忠突然见驾，告以安禄山在范阳起兵造反，
已经攻破了潼关，唐军节节败退，哥舒翰兵
败降贼，叛军已逼近京城长安。唐明皇吓得
胆战心惊，魂飞魄散，却也束手无策，带着
杨玉环和随行官员逃离长安到蜀中即四川避
难。一路上，他还不忘嘱咐众人不要吵醒了

马嵬坡杨贵妃衣冠冢

贵妃，同时他更为贵妃远涉蜀道之艰难而担心不已。一行军马走到了都城西面百余里的马嵬坡的时候已十分劳顿，由右龙武将军陈玄礼指挥的护驾军队在中途哗变，因众将士对杨国忠平日里专权弄国早已怒不可遏，激成变乱，就以"私通土蕃"的罪名杀了杨国忠。但杨玉环仍在，所以依旧不肯前进，又请唐明皇将杨贵妃正法，以谢天下。杨贵妃知大势已去，也自求请死。唐明皇无奈，被迫答应了他们的请求，赐以白绫，忍痛赐杨贵妃自尽。杨贵妃自缢身亡后，虢国夫人也为乱军所杀，摇摇欲坠的大唐江山到此才获得一线转机。杨贵妃在马嵬坡被众军逼迫自缢后，唐明皇行至剑阁道上，正赶上风雨交加，乃进入剑阁避雨，闻檐前铃声渐渐零零随风而响，勾起对亡妃的思念。唐明皇心灰意冷，到了四川成都以后传位于太子李亨，自己居于幕后，当了太上皇。因悼念杨贵妃，特意命人在成都府建立祠庙一座，特选高手匠人，用檀香木雕成杨贵妃的像。庙成祭奠之日，命高力士迎像入宫，然后亲送入庙供养。唐明皇对着雕像，追忆往事，悲愧交加，竟致雕像也流下了泪。后大将郭子仪奉旨征讨，带兵大败安禄山，击溃叛军，收复长安。唐明皇以太上皇身份自蜀中回到长安后，仍是日夜思念死去的杨玉环，见月伤心，内心十分痛苦，对着杨玉环的雕像痛哭。有一天做了一场恶梦后，访得异人为杨玉环招魂。后来，临邛道士杨通幽奉旨作法，找到杨玉环魂魄，终感动了天孙织女，

马嵬坡杨贵妃墓园一景

痴心人系痴情结　长生殿谱长恨歌

唐玄宗李隆基泰陵

杨贵妃墓一景

唐玄宗李隆基墓石雕

使两人在月宫中最终团圆，重续前缘。

八月十五夜，杨通幽运用法术架起一座仙桥，引唐明皇的魂魄升到月宫，与杨玉环相会，两人执手相看泪眼，尽诉相思，实现了他们在长生殿上立下的"生生死死共为夫妻"的盟誓。玉帝传旨，唐皇李隆基与杨玉环永远结为天上夫妻，于是天宫奏起《霓裳羽衣曲》，全剧团圆终场。

（二）经典剧段欣赏

《长生殿》共五十出，分上下两部，其中一些精彩的篇章，如《定情》《惊变》《疑谶》《偷曲》《絮阁》《骂贼》《闻铃》《哭像》《弹词》等出，至今仍在上演，

《长生殿》剧照

为昆曲中的优秀传统剧目。

第二十九出 闻铃

〔丑内叫介〕军士每趱行，前面伺候。

〔内鸣锣，应介〕〔丑〕万岁爷，请上马。

〔生骑马，丑随行上〕

【双调近词·武陵花】万里巡行，多少悲凉途路情。看云山重叠处，似我乱愁交并。无边落木响秋声，长空孤雁添悲哽。寡人自离马嵬，饱尝辛苦。前日遣使臣赍奉玺册，传位太子去了。行了一月，将近蜀中。且喜贼兵渐远，可以缓程而进。只是对此鸟啼花落，水绿山青，无非助朕悲怀。如何是好！

〔丑〕万岁爷，途路风霜，十分劳顿。请自

排遣，勿致过伤。〔生〕唉，高力士，朕与妃子，坐则并几，行则随肩。今日仓促西巡，断送她这般结果，教寡人如何撇得下也！〔泪介〕提起伤心事，泪如倾。回望马嵬坡下，不觉恨填膺。〔丑〕前面就是栈道了，请万岁爷挽定丝缰，缓缓前进。

〔生〕袅袅旗旌，背残日，风摇影。匹马崎岖怎暂停，怎暂停！只见阴云黯淡天昏暝，哀猿断肠，子规叫血，好教人怕听。兀的不惨杀人也么哥，兀的不苦杀人也么哥！萧条恁生，峨眉山下少人经，冷雨斜风扑面迎。

〔丑〕雨来了，请万岁爷暂登剑阁避雨。

《长生殿》中的杨贵妃剧照

洪昇与《长生殿》

〔生作下马、登阁坐介〕〔丑作向内介〕军士每，且暂驻扎，雨住再行。〔内应介〕〔生〕独自登临意转伤，蜀山蜀水恨茫茫。不知何处风吹雨，点点声声逼断肠。〔内作铃响介〕〔生〕你听那壁厢，不住的声响，聒的人好不耐烦。高力士，看是甚么东西。〔丑〕是树林中雨声，和着檐前铃锋，随风而响。〔生〕呀，这铃声好不作美也！

【前腔】淅淅零零，一片凄然心暗惊。遥听隔山隔树，战合风雨，高响低鸣。一点一滴又一声，一点一滴又一声，和愁人血泪交相迸。对这伤情处，转自忆荒茔。白杨萧

《长生殿》剧照

瑟雨纵横，此际孤魂凄冷。鬼火光寒，草间湿乱萤。只悔仓皇负了卿，负了卿！我独在人间，委实的不愿生。语娉婷，相将早晚伴幽冥。一恸空山寂，铃声相应，阁道峻嶒，似我回肠恨怎平！

〔丑〕万岁爷且免愁烦。雨止了，请下阁去罢。〔生作下阁、上马介，丑向内介〕军士每，前面起驾。〔众内应介〕〔丑随生行介〕〔生〕

【尾声】迢迢前路愁难罄，招魂去国两关情。〔合〕望不尽雨后尖山万点青。

〔生〕剑阁连山千里色，骆宾王

离人到此倍堪伤。罗邺

空劳翠辇冲泥雨，秦韬玉

一曲淋铃泪数行。杜牧

赏析：

《闻铃》一出是由白居易《长恨歌》中"黄埃散漫风萧索，云栈萦纡登剑阁""蜀江水碧蜀山青，圣主朝朝暮暮情""行宫见月伤心色，夜雨闻铃断肠生"等诗句演化而来的，是自"埋玉"之后，作品中第一次体现唐明皇对杨贵妃的哀思。

"安史之乱"发生后，唐明皇、杨贵妃等人在军队的护送下，前往四川避乱。

行至马嵬坡时，众军哗变，逼迫唐明皇赐死杨贵妃。杨贵妃自缢后，路途上唐明皇虽仍有高力士、陈玄礼身前身后侍候着，可悲痛的心情如何疏解？"这万里的征途、重叠的云山都承载着无数愁苦。无边的落木在秋风中飒飒作响，长空飞过的大雁，也孤单一只，难道也像我一样孤苦无伴了吗？"此时，在马嵬坡发生的兵变刚刚过去，听到"贼兵渐远"的消息，唐明皇着实有着死里逃生的侥幸，甚至是"喜"。忽而又回想起往日，"坐则并几，行则随肩"的美好、缠绵的生活，又掀起了他难

高力士墓是唐玄宗泰陵中唯一的一座陪葬墓

洪昇与《长生殿》

安史之乱后，繁盛一时的大唐步入下坡路

解的愁伤，表现了唐明皇此时孤独、落寞的
心情。此次向蜀逃难，可以说是对唐明皇大
唐皇帝尊严的一次致命的挑战，也是一生中
最悲惨的际遇。早年风流倜傥、文治武功卓
绝，坐拥江山和美人的他，如今却经受了叛
军的追击、随军的威胁，而至爱的妃子也因
自己掩面难救而黯然离去，这是何等的耻辱。
大唐江山更是由盛转衰，从此一蹶不振，对
于百姓来说也是生灵涂炭、民不聊生。面对
如此悲惨的局面，无心、无力再执掌江山的
唐明皇，将皇位传给了太子，这也许是其政
治生涯最好的结局吧。"提起伤心事，泪如
倾"，虽然唐明皇为自己找了一个台阶下，

唐明皇望着崎岖的山路，周围一片荒芜，悲从心生

应有一些轻松，可仍难掩悲伤的心情，他哀凄的眼神看了一眼高力士，希望自己能得到这个忠心仆从的理解。可一看陈玄礼，"不觉恨填膺"怒火中烧，眼神蕴涵嗔，蕴涵着愤，是此人铸成爱妃惨死的悲剧。

接下来，圣驾还在蜀川山水中浩浩荡荡地走着，而唐明皇的心中只剩了悲痛欲绝和悔不当初。在渐行渐缓的栈道上，看看四周的环境——"袅袅旌旄，背残日，风摇影。匹马崎岖怎暂停，怎暂停！只见阴云黯淡，哀猿断肠，子规叫血，好教人怕听。兀的不惨杀人也么哥，兀的不苦杀人也么哥！萧条恁生，峨眉山下少人经，冷雨斜风扑面迎。"唐明皇的视觉、听觉和内心世界达到了一种悲的共鸣。放眼望去，景色无一不悲，放耳听去，声音无一不哀！此时的"看"既是实看也是虚看，他看到了飘荡的旌旄、快落的太阳、崎岖的山路以及猿、鸟等等。这里是实景实看，可完全带着自己的主观色彩。荒景不忍看，鸟叫不忍听，妃子死时至惨至凄的情景仍历历在目。用"残"修饰太阳，用"昏暝"修饰天，用"冷"修饰雨，用"哀"修饰猿，用"叫血"来说明子规，一切的景物在唐明皇的眼中、心中全都涂上了昏暗、萧条的色调，增加了悲剧氛围。

行至剑阁道上，正赶上风雨交加，于是进入剑阁躲风避雨，听到屋檐前面淅淅零零的铃声，更引起了他对亡妃深切的思念，着实让人感到了铭心刻骨的痛。如果说蜀道难行，天气变化无常，似乎这些还分散了一些唐明皇对失去爱妃的悲情，那么至此，感伤之情滚滚而来，将初丧爱妃，沉浸于恨、悔、悲、怨中的唐明皇塑造得生动、感人。

看着眼前的蜀山蜀水，听着点点的雨声，哀伤的情、茫茫的恨再次翻涌而出。至此"闻铃"也真正开始。思念佳人，可佳人不能求得了，孤寂、悲伤、悔怨、无奈……都只能在苦雨凄风中埋葬。"雨"就像那"哀猿"和"子规"一样，是一个重要的美学意象，一见到这样的字眼就让人心生凉意，因此文学作品中常用此烘托忧伤的心情与气氛。此时"树林中雨声，和着檐前铃铎，随风而响"。雨声、铃声交织，一切愁绪也因为这场雨而更沉重了。雨势不大，雨声是"淅淅零零"，可这零落的雨声仿佛更让人"凄然心暗惊"，这"惊"从何而来？后面告诉了我们答案——"一点一滴又一声，一点一滴又一声，和愁

在剑阁避雨，眼前的情景令唐玄宗悲伤悔怨

人血泪交相迸。"这风吹雨打，树枝摇响，檐铃低和的雨铃声搅乱了他的心，勾起了他复杂的怨悔哀思。他沉缅于对杨妃的思念中，一点点的动静就足已惊动他，让他更增孤寒凄寂之情了。在听雨人听来，这滴滴嗒嗒的声音不只是雨声，更是自己内心深处淌血的低诉，这雨中有泪、有血，是由血泪交相迸发而出。此时，情伤如雨，雨情含恨，怎一个"惊"字了得？这雨中，是否也有爱妃的呜咽声声？一定有的，因为此时，他已感受到，或是幻想到，有那么一座荒坟，旁边的白杨树在雨中瑟瑟摇

檐铃低和的雨声勾起了他对杨妃的思念

洪昇与《长生殿》

冷雨凄凄，心中悲凉

摆，坟上长满了野草，草间流萤乱舞。由"风
雨""荒茔""孤魂""鬼火""乱萤"构
成的图景笼罩着沉晦、凄凉的阴霾，而"凄
然""惊""伤情""愁""萧瑟""凄冷""寒"
等词更明白地道出了唐明皇此时的悲苦与无
奈。此刻，寒意浓浓，凉雨凄凄，而他那可
怜的妃子正化作孤魂游荡在风雨飘摇中，其
冷必定是彻入心肺了。思及此，心中充满了
无限的悔恨，后悔自己辜负了二人的山盟海
誓，恨自己当初没有全力挽救她，愧对她的
一片深情。现在只剩下唐明皇一人，他也只
能无可奈何地悲叹道："自悔仓皇负了卿，

《长生殿》剧照

负了卿！我独在人间，委实的不愿生。"连连慨叹"负了卿"，这的确是心中直接情感的直白表达，至爱的妃子已经灰飞烟灭，如今成了真正的"孤家寡人"，只能一人孤坐，和自己衰老伤痛的灵魂相对，只有一阵阵的夜雨铃声，伴随着自己这颗无奈、悲凉的心。

事已如此，无法挽回，只怕是黄泉相会的那一天才能得到解脱，到那时又可以早晚相伴，共谱爱曲。稍稍充满美好温情的幻想，再次被雨铃声打破，不得不回到现实，这一切的事物，一切的声响，带给他的只能是悔恨、痛苦、孤独和无奈。再次望向前方，那山道的崎岖不平、延绵不断，不正像我此时难平的恨吗？一声"似我回肠恨怎平"是内心悔痛哀思之情的彻底迸发，全剧的悲情浓度因此一句而达到了饱和。

作者将唐明皇悔恨交加的哀思，诉尽无数愁苦，道尽无数哀伤，设置在特定的情境——雨中铃声这样的环境中，增添了唐明皇心中的无限的苦痛与怜惜，也让观众在欣赏其悲剧风格的同时发出阵阵慨叹，心生同情。《闻铃》一出，虽没有波折的

唐明皇日夜思念爱妃，伤心不已

剧情，复杂的线索，但却曲调凄怆、词采斐然，直白的诉说中夹杂着浓郁的感情，在明明暗暗、凄凄婉婉中达到声情合一的效果，是《长生殿》中非常重要的一折，是唐明皇失去杨贵妃后凄凉生活的直接描写，在其心中夹杂着的悔、怨、愁、念，加深了整出戏的悲剧气氛，也为后来更为广阔的社会画面和动荡的社会局势以及更为深刻的戏剧情节作了铺垫。《闻铃》在戏剧情节、戏剧情绪方面都是整出戏的一个重大转折，也因此在昆曲舞台上常演不衰。

第三十二出 哭像

〔生上〕蜀江水碧蜀山青，赢得朝朝暮暮情。但恨佳人难再得，岂知倾国与倾城。寡人自幸成都，传位太子，改称上皇。喜的郭子仪兵威大振，指日荡平。只念妃子为国捐躯，无可表白，特敕成都府建庙一座。又选高手匠人，将旃檀香雕成妃子生像。命高力士迎进宫来，待寡人亲自送入庙中供养。敢待到也。〔叹科〕咳，想起我妃子啊，

【正宫端正好】是寡人昧了她誓盟深，负了她恩情广，生拆开比翼鸾凰。说甚么生生世世无抛漾，早不道半路里遭魔障。

【滚绣球】恨寇逼的慌，促驾起的忙。点三千羽林兵将，出延秋，便沸沸扬扬。甫伤心第一程，到马嵬驿舍傍。猛地里爆雷般齐呐起一声的喊响，早则见铁桶似密围住四下里刀枪。恶噷噷单逼着他领军元帅威能大，

剧情表现了唐明皇失去杨贵妃后的孤独生活

痴心人系痴情结 长生殿谱长恨歌

《长生殿》剧照

眼睁睁只逼拶的俺失势官家气不长，落可便手脚慌张。恨只恨陈元礼呵！

【叨叨令】不催他车儿马儿，一谜家延延挨挨地望；硬执着言儿语儿，一会里喧喧腾腾地谤；更排些戈儿戟儿，不哄中重重叠叠地上；生逼个身儿命儿，一霎时惊惊惶惶的丧。〔哭科〕兀的不痛杀人也么哥，兀的不痛杀人也么哥！闪的我形儿影儿，这一个孤孤凄凄的样。

寡人如今好不悔恨也！

【脱布衫】羞杀咱掩面悲伤，救不得月貌花庞。是寡人全无主张，不合啊将她轻放。

【小梁州】我当时若肯将身去抵搪，未必他直犯君王；纵然犯了又何妨，泉台上，倒博得永成双。

【么篇】如今独自虽无恙，问余生有甚风光！只落得泪万行，愁千状！〔哭科〕我那妃子呵，人间天上，此恨怎能偿！

〔丑同二宫女、二内监捧香炉、花幡，引杂抬杨妃像，鼓乐行上〕〔丑见生科〕启万岁爷，杨娘娘宝像迎到了。〔生〕快迎进来波。〔丑〕领旨。〔出科〕奉旨：宣杨娘娘像进。〔宫女〕领旨。〔做抬像进、对生，宫女跪，扶像略俯科〕杨娘娘见驾。
〔丑〕平身。〔宫女起科〕〔生起立对像哭科〕我那妃子啊！

【上小楼】别离一向，忽看娇样。待与你叙我冤情，说我惊魂，话我愁肠……〔近前叫科〕妃子，妃子，怎不见你回笑庞，答应响，移身前傍。〔细看像，大哭科〕呀，原来是刻香檀做成的神像！

〔丑〕銮舆已备，请万岁爷上马，送娘娘入庙。〔杂扮校尉，瓜、旗、伞、扇，銮驾队子上〕〔生〕高力士传旨，马儿在左，车儿在右，朕与娘娘并行者。〔丑〕领旨。〔生上马，校尉抬像，排队引行科〕〔生〕

杨贵妃塑像

【么篇】谷碌碌凤车呵紧贴着行，袅亭亭龙鞭呵相对着扬。依旧的辇儿厮并，肩儿齐亚，影儿成双。情暗伤，心自想。想当时联镳游赏，怎到头来刚做了恁般随傍！

〔到科〕〔丑〕到庙中了，请万岁爷下马。〔生下马科〕内侍每，送娘娘进庙去者。〔銮驾队子下〕〔内侍抬像，同宫女、丑随生进，生做入庙看科〕

【满庭芳】我向这庙里抬头觑望，问何如西宫南苑，金屋辉光？那里有鸳帏、绣幕、芙蓉帐，空则见颤巍巍神幔高张，泥塑的宫

唐玄宗泰陵石刻

娥两两，帛装的阿监双双。剪簇簇幡旌扬，招不得香魂再转，却与我摇曳吊心肠。

〔坐前坐科〕〔丑〕吉时已届，候旨请娘娘升座。〔生〕宫人每，伏侍娘娘升座者。〔宫女应科〕领旨。〔内细乐，宫女扶像对生，如前略俯科〕杨娘娘谢恩。〔丑〕平身。〔生起立，内鼓乐，众扶像上座科〕〔生〕

【快活三】俺只见宫娥每簇拥将，把团扇护新妆。犹错认定情初，夜入兰房。〔悲科〕可怎生冷清清独坐在这彩画生绡帐！

〔丑〕启万岁爷，杨娘娘升座毕。〔生〕看香过来。〔丑跪奉香，生拈香料〕

【朝天子】热腾腾宝香，映荧荧烛光，猛逗

着往事来心上。记当日长生殿里御炉傍，对牛女把深盟讲。又谁知信誓荒唐，存殁参商！空忆前盟不暂忘。今日呵，我在这厢，你在那厢，把着这断头香在手添凄怆。

高力士看酒过来，朕与娘娘亲奠一杯者。〔丑奉酒科〕初赐爵。〔生捧酒哭科〕

【四边静】把杯来擎掌，怎能够檀口还从我手内尝。按不住凄惶，叫一声妃子也亲陈上。泪珠儿溶溶满觞，怕添不下半滴葡萄酿。

〔丑接杯献座科〕〔生〕我那妃子啊！

【耍孩儿】一杯望汝遥来享，痛煞煞古驿身亡。乱军中抔土便埋藏，并不曾瀽半碗凉浆。今日呵，恨不诛他肆逆三军众，祭汝含酸一国殇。

高力士雕像

痴心人系痴情结 长生殿谱长恨歌

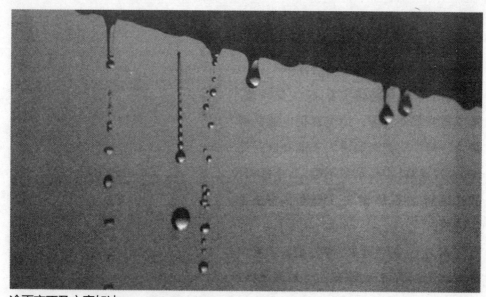
冷雨夜不及心寒如冰

对着这云帏像，空落得仪容如在，越痛你魂魄
飞扬。

〔丑又奉酒科〕亚赐爵。〔生捧酒哭科〕

【五煞】碧盈盈酒再陈，黑漫漫恨未央，
天昏地暗人痴望。今朝庙宇留西蜀，何日山陵
改北邙！〔丑又接杯献座科〕〔生哭科〕寡人呵，
与你同穴葬，做一株冢边连理，化一对墓顶鸳
鸯。

〔丑又奉酒科〕终赐爵。〔生捧酒科〕

【四煞】奠灵筵礼已终，诉衷情话正长。
你娇波不动，可见我愁模样？只为我金钗钿盒
情辜负，致使你白练黄泉恨渺茫。〔丑接杯献科〕
〔生哭科〕向此际捶胸想，好一似刀裁了肺腑，

火烙了肝肠。

〔丑、宫女、内侍俱哭科〕〔生看像惊科〕呀，高力士，你看娘娘的脸上，兀的不流出泪来了。〔丑同宫女看科〕呀，神像之上，果然满面泪痕，奇怪，奇怪！〔生哭科〕哎呀，我那妃子啊！

【三煞】只见他垂垂的湿满颐，汪汪的含在眶，纷纷的点滴神台上。分明是牵衣请死愁容貌，回顾吞声惨面庞。这伤心真无两，休说是泥人堕泪，便教那铁汉也肠荒！

人生路上再无人陪伴，唐明皇悲戚之情顿生

〔丑〕万岁爷请免悲伤，待奴婢每叩见娘娘。〔同宫女、内侍哭拜科〕〔生〕

【二煞】只见老常侍双膝跪，旧宫娥伏地伤。叫不出娘娘千岁，一个个含悲向。〔哭科〕妃子啊，只为你当日在昭阳殿里施恩遍，今日个锦水祠中遗爱长。悲风荡，肠断杀数声杜宇，半壁斜阳。

〔丑〕请万岁爷与娘娘焚帛。〔生〕再看酒来。〔丑奉酒焚帛，生酹酒科〕

【一煞】叠金银山百座，化幽冥帛万张。纸铜钱怎买得天仙降？空着我衣沾残泪，鹃留怨。不能勾魂逐飞灰蝶化奴，蓦地里增悲怆。甚时见鸾骖碧汉，鹤返辽阳。

〔丑〕天色已晚，请万岁爷回宫。〔生〕

宫娥，可将娘娘神帐放下者。〔宫娥〕领旨。〔
做下神幔，内暗抬像下科〕〔生〕起驾。〔丑应科〕
〔生作上马，銮驾队子复上，引行科〕〔生〕

【煞尾】出新祠泪未收，转行宫痛怎忘？对
残霞落日空凝望！寡人今夜啊，把哭不尽的衷情，
和你梦儿里再细讲。

数点香烟出庙门，曹邺巫山云雨洛川神。权
德舆

翠蛾仿佛平生貌，白居易日暮偏伤去住人。
封彦冲

赏析：

《哭像》是《长生殿》具较高艺术成就的代

残霞落日空凝望

《杨贵妃上马图》

表戏出之一，是其精华的部分，是唐明皇为爱情痛哭的高潮。这一出的剧情可分为迎像、送像、祭像三个部分。在这三段不同的剧情中，描写了唐明皇不同的思想感情。

首先我们来看"迎像"部分。

唐明皇逃难到蜀后，已无心国事，便将皇位传给了太子，自己改称上皇。可对杨贵妃的思念有增无减，而且在他看来杨贵妃是"为国捐躯"，可见对于杨贵妃的死，唐明皇不仅从自己爱情上来感触，也从更上一层的对国家的利益方面来定位，恐怕也只有唐明皇自己这样认为吧，杨贵妃真可谓虽死犹荣了。唐明皇为了表达对爱妃的思念，特敕成都府

《杨贵妃上马图》

建立了一座祠庙,挑选有高超手艺的匠人,用旃檀木雕刻成贵妃生像,并让高力士迎进宫来,然后要亲自送入庙供养。

杨贵妃死后,唐明皇的悔、恨、怨一直就没有断过。此时,他又一次想起已逝的妃子,感慨万千,在这里他对自己的怨恨更加深了。"是寡人昧了她誓盟深,负了她恩情广,生拆开比翼鸾凰。说甚么生生世世无抛漾,早不道半路里遭魔障。"是自己半路抛下了至爱的人,违背了"情重恩深,愿世世生生,共为夫妇,永不相离"的海誓山盟,辜负了"在天愿为比翼鸟,在地愿为连理枝"的真心期盼。这里充分地表露出唐明皇对自己没能力担当得起保护爱妃的责任的深深自责,将心中的内疚与悔恨明白地剖析在读者面前。回过头来想一想,是谁破坏了昔日恩恩爱爱的美好?是谁害自己断送了妃子的性命?罪魁祸首是那可恨的安禄山叛军啊,岂不是"恨寇逼的慌,促驾起的忙"。他憎恨安禄山乱河山,也恨陈玄礼:"不催他车儿马儿,一谜家延延挨挨地望,硬执着言儿语儿,一会里喧喧腾腾地谤;更排着戈儿戟儿,一哄中重重叠叠地上;生逼个身儿命儿,一霎时惊惊惶惶地丧。"杨贵妃是直接死在陈玄礼的威逼之下的，是他暗中激起军士们的情绪，迫使自己割恩舍爱，葬送了自己和爱妃美好的爱情。对于直接造成他们爱情悲剧的两个可恶之人，唐明皇充满了仇恨。后来，唐明皇更是杀了"罪不容诛"的陈玄礼，并将其首级高挂，以泄心头之恨。随后，思念、自责、忏悔之情溢于言表，种种情感激荡心间，让他情难自禁，大哭一场："兀的不痛杀人也么哥，兀的不痛杀人也么哥！闪的我形儿影儿，这一个孤孤凄凄的样。"并毫无保留地宣泄"寡人如今好不悔恨也！"。的确，他身为万人之上的大唐天子，却"全无主张"，救不了一个妃子，只能痛心地将她放弃，眼看着花容月貌在红尘中飞逝，简直是羞煞愧煞了。唐明皇不禁质问自己，若是当初拼了命去解救，"肯将身去抵搪"，未必六军就真敢直犯君王，再说"纵然犯了又何妨"？即使没了性命，也将与爱妃双宿双飞，"博得永成双"，好过现在自己孤零零地苟活于人世，日夜孤枕，与泪相伴啊！事到如今，寡人"独自虽无恙"，安然完好地回来了，但此后的生活还有什么希望呢！思来想去，"只落得泪万行，愁千状"，人

又是春残花落时

痴心人系痴情结 长生殿谱长恨歌

间天上，此恨绵绵，一个帝王的爱情同样令人感到了悲凉与无助。试问"人间天上，此恨怎能偿！"无法去偿。悔不当初，只能"羞杀咱掩面悲伤"。此时，唐明皇无尽的悔，无尽的恨，无尽的羞，淋漓尽致，明明白白地张显了出来。

当雕像做好，被宫女、太监们接进来的时候，唐明皇恍惚看到了从前娇艳的妃子，正要上前将千言万语向妃子诉说，要告诉她自己是被逼无奈才将她抛弃，对于当时的情景至今仍惊魂未定，也自责甚深，而自从她离去后，更是愁肠万断，思念难忍……可却时时等不到杨贵妃的回应，细看后，才明白是刻香檀做成的神像，佳人是真的一去不复返了。让我们可叹的是，唐明皇对杨贵

自从杨贵妃离去，任何事情在唐明皇眼中都如残花败叶，提不起兴致

洪昇与《长生殿》

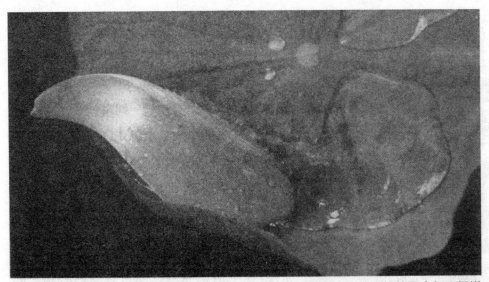

唐明皇对杨贵妃的思念与日俱增

妃的思念、感情已深至此。之后，杨贵妃的雕像要
从行宫送往祠堂，剧情也进入了"送像"阶段。

　　如果说在迎像时唐明皇主要的心情是悔、是愧，
那么送像时，他的心情又加深了一层，那就是悲。
因为迎像时唐明皇面前还没有杨贵妃的像，只能靠
回忆来搜寻她婀娜多姿的身影，回忆香魂逝去的情
景。而送像时，一个栩栩如生，可以让唐明皇误以
为是他妃子的雕像放在唐明皇面前，他睹像思人，
强烈的悲痛之情也上升到了顶点。送像的队伍是唐
明皇有意安排的："依旧的辇儿厮并，肩儿齐亚，
影儿成双"，唐明皇骑的马儿在左面，杨贵妃神像
坐的车儿在右面，两个并驾而行。一个"依旧"一
词，将思绪拉回了过去。唐明皇触景生情，以前他

失去爱妃，再美丽的花朵在唐玄宗眼里都失去了光彩

与妃子二人去郊外游玩赏景正是这样，"坐则并几，行则随肩"，那是多么的温馨、甜蜜啊。可现在呢，虽然美貌的佳人仍在却不能言语，如何共诉衷肠？如何共话缠绵？但即使是一尊冷清清的木像，也要并肩成双，权且当做是妃子相伴，与之重温往日的亲昵时光吧。如今的木像与现在的活人相对，往日的欢乐反衬了今日的痛苦，一句"情暗伤"道出了他在送杨贵妃雕像的路程中情切意真、痛苦难当的心绪。到了庙里，便把杨贵妃的木像抬进祠堂安放。唐明皇看到庙里金碧辉煌的样子，再看宫娥、太监们簇拥着杨贵妃的雕像进入祠堂，并用仪仗中的团扇护着杨贵妃的新妆，不禁想到当年迎娶贵妃时的情景。当年他迎娶杨贵妃时，就是宫女们把杨贵妃簇拥在中央，用团扇护着，送入西宫南苑的。而那时"鸳帏"内、"绣幕"下、"芙蓉帐"里无不留下他们二人甜蜜生活的印迹。可是现在呢？这里不是西宫南苑，没有"鸳鸯绣幕芙蓉帐"，而是一个祠堂，是一个供奉死人的地方，只有神像前面高挂的幕布和招魂用的幡旌在颤巍巍地晃动着。坐在神座上的已不是肤如凝脂、风韵多姿的

贵妃娘娘，而是一个冷冰冰的木制的雕像"冷清清独坐在这彩画生绡帐"，前面"泥塑的宫娥两两，帛装的阿监双双"也再一次证实了过去那种美好甜蜜的爱情生活已经毁灭了，招不回的香魂也无法再安慰受伤的心，只徒增内心断肠的痛。

贵妃肤如凝脂、风韵多姿

唐明皇把杨贵妃的神像由行宫送往祠堂后，随着剧情的发展便是对着杨贵妃的神像进行祭奠，也真正进入了"哭像"中"哭"的阶段。

杨贵妃的木像被安放好，即"升座"之后，便是祭奠。唐明皇接过太监递过来"热腾腾宝香"，在"映荧荧烛光"中，往事再上心头。当年七月七日在长生殿里御炉的旁边，他们对着牛郎星和织女星，立下了山盟海誓的誓言，共道："天长地久有时尽，此誓绵绵无绝期。"在外人看来，更是恩爱绵绵、良缘天赐。可如今，誓言变得虚妄荒唐，中途夭折了。想起杨贵妃深情低诉"深感陛下情重，今夕之盟，妾死生守之矣"，自己又怎忍心失信于她？不能，现在虽然天人两隔，"我在这厢，你在那厢"，这祭奠之香也已不是当年的盟誓之香，但所有的誓言，所有的真情都不会被遗忘！再祭上三杯酒，

祭奠之香早已不是当年的盟誓之香

盼望妃子来尝啊。"初赐爵"时，唐明皇双手捧着酒杯向杨贵妃的神像献酒，可妃子已无法像当初一样用红艳艳的小口来喝完这杯酒了，那悲痛的感情化为伤心的泪水，滚滚下落，滴进酒杯，装满了酒杯，一句"怕添不下半滴葡萄酿"更突出了眼泪之多，悲痛之深。此时的唐明皇卸下了帝王的外衣，把对杨贵妃的真爱摆在首位，高呼一声"我那妃子啊"，诉不完情仇爱恨从何处说起啊。再次想到那香销玉殒的时刻，爱妃惨死，"魂魄飞扬"，"乱军中抔土便埋葬，并不曾三瀍半碗凉浆"，死后也不能以庄重的国殇仪式将宠妃入葬，心潮起伏澎湃，不仅有不已的愧疚和控制不住内心的极大悲痛，也暗含有对三军的咬牙切齿的憎恨之情。回忆起那生

夜幕来临，唐明皇更觉孤寂

前的欢乐时光，无疑更加重今日的悲恸，也
让读者不禁为他的真挚感情而动容。"亚赐
爵"是写唐明皇第二次向杨贵妃奉酒。漫漫
的黑夜，无边无际，在夜幕笼罩下的唐明皇
更显孤寂，他端起酒杯，将碧盈盈的酒再次
祭给妃子。看见眼前的神像，想起她真正的
身体还孤零零地躺在马嵬坡上，任风吹雨打，
无人收管。自己仍然流亡在外，归期未定，
现在暂时把你安放在蜀地，但什么时候才能
将你迁葬到帝王后妃所埋葬的北邙山呢？一
句"今朝庙宇留西蜀，何日山陵改北邙！"
表达了对改葬之日茫然的心情，也传递出对
自己、对杨贵妃处境极度悲痛的感情。想到

在天愿为比翼鸟

这里又失声痛哭起来，感慨万分地说："寡人啊，与你同穴葬，做一株冢边连理，化一对墓顶鸳鸯。"在痛哭之后，心下决定，死后一定要与杨贵妃葬在一起，到那时便可以快乐地做一株在冢边繁衍生长的连理枝，化作一对在墓顶盘旋相恋的鸳鸯鸟。这一番告白，对应二人在七夕之日的"在天愿为比翼鸟，在地愿为连理枝"的爱情誓言，表达了唐明皇实现自己诺言的决心，和对杨贵妃至死不渝的爱。之后是"终赐爵"，唐明皇向杨贵妃敬了第三杯酒。祭奠灵筵的礼仪都结束了，自己向妃子深情地连敬了三杯酒，倾诉了自己的爱恋、悔过、悲愤与忠贞，可妃子看着"我愁模样"，听着我的痴情话却"娇波不动"，没有任何回应。一定是因为我辜负了咱们金钗钿盒的情意，让你在黄泉路上孤苦无依，恨从心生啊！再次回想到杨贵妃为了不为难他自缢身亡的惨景，再次回想到他亲手葬送了二人美好的幸福，不禁悲痛得捶胸顿足，"好一似刀裁了肺腑，火烙了肝肠"，一句使用了比喻的修辞手法，表达了出于肺腑的痛悔之情，让读者感同身受。

至此，我们看到的是一个完全处于精

唐明皇用尽后半生来思念和怨悔

神崩溃状态的太上皇，"把杯来擎掌，怎能够檀口还从我手内尝。""你娇波不动，可见我愁模样？"他神智痴迷地将木像当做真人一般诉述衷肠，忽而又认清这哪是活生生的妃子，只是冰冷冷的木像，心中撕裂般的疼痛反复袭来。这亦真亦幻的感觉，让唐明皇的悲痛之情升上巅峰。紧接着一直没有表情的杨贵妃的木像被作者写活了。唐明皇疑惑地问："高力士，你看娘娘的脸上，兀的不流出泪来了。"如果唐明皇因为悲痛感觉到妃子也和他此时一样,心痛难忍,泪流满面,这就是一种幻想了,可高力士与宫女们惊奇地看到"神像之上,果然满面泪痕",眼见朝思暮想的杨贵妃泪眼汪汪地在自己面前,且纷纷而下的泪滴湿着神台。唐明皇顿时悲痛之情无法抑制,喷涌而出,再一次深情地唤到"我那妃子啊"。

唐明皇脑海中总是浮现出在马嵬坡与杨贵妃离别的情景

"只见她垂垂的湿满颐,汪汪的含在眶,纷纷的点滴神台上。分明是牵衣请死愁容貌,回顾吞声惨面庞。这伤心真无两,休说是泥人堕泪,便教那铁汉也肠荒!"杨贵妃木像落泪这一幕由"只见她"三字领起,将人们的视线由唐明皇的身上移至杨贵妃。杨贵妃的泪,不是与皇上相逢喜悦的泪,而是在马嵬坡杨贵妃牵衣请死时的泪,是永别前回顾君王的泪。"垂垂""汪汪""纷纷"用叠字的形式突出眼泪之多,暗指悲情之深。看到这伤心的情景,想到那难舍的感情,"休说是泥人堕泪,便教那铁汉也肠荒",面对这感天动地的情感,即使铮铮铁汉也要泪流满面、肝肠寸断了。这一曲用拟人化的手法写杨贵妃流泪,从泪汪汪的眼到"愁容貌""惨面庞"最后到"伤心""肠荒",由表及里,由浅入深,用超现实的手法实现了唐明皇与杨贵妃心灵的沟通、爱恨的诉说,形象动人

痴心人系痴情结 长生殿谱长恨歌

地表现了唐明皇的锥心之痛。

祠堂内老常侍、旧宫娥无不被唐明皇的深情所打动，早已痛哭失声的他们，见到木像流泪后伤心地跪下叩见娘娘。"叫不出娘娘千岁，一个个含悲向。"极言悲痛之深。而对此情此景，再次回想起当日昭阳殿的温馨缠绵，真心地道出："今日个锦水祠中遗爱长"，表达了极为真挚、强烈的恩爱深情。之后再次引出景物——飒飒的冷风、断肠的子规、昏黄的落日，给冷清的祠堂又添一份悲凉，给孤寂的心再染一抹凄苦。

烧纸钱是唐明皇在堂前祭祀杨贵妃的最后一项活动。唐明皇触景生情，面对如百座金银山的纸钱心想，它们即将化作"幽冥帛万张"，可惜纸铜钱再多，也不能使得已升天的杨贵妃再回到身边。"空着我衣沾残泪，鹃留怨，不能勾魂逐飞灰蝶化双"，眼泪再多，也只是空流一场。哀怨再多，也徒空悲一场。此处的"鹃"与前面的"杜宇"及"子规"都是指同一种事物。子规，又名杜鹃。传说远古时蜀王杜宇，号望帝，为蜀治水有功，后禅位臣子，退隐西山，死后化作杜鹃，日夜悲鸣，泪

飒飒的冷风、昏黄的落日给孤寂的心再染上一抹凄苦

尽继而流血。李商隐有"望帝春心托杜鹃"的诗句。唐明皇看见纸灰飘飞，像蝴蝶一般在空中飞翔，幻想着要同杨贵妃的魂魄化蝶双舞。他多么希望看见杨贵妃化成仙鹤，乘着鸾凤从碧天飞回故乡啊！这只是渺茫的幻想，一次次将唐明皇悲怆、绝望的心情推上顶点。

祭祀活动已经完成了，可对杨贵妃的思念之心与悲痛之情却没有结束。在塑像祭祀之后又为杨贵妃建坟改葬、摄魄招魂、甘赴杳冥，这些都是他对杨贵妃的坚贞爱情的表现。

"送像"和"祭像"两部分着力描写唐

唐明皇多么希望看见爱妃化成仙鹤飞回故乡

痴心人系痴情结 长生殿谱长恨歌

《长生殿》将李、杨二人的爱情表现得悲戚动人

明皇的悲痛之情,把悲痛之情写到了顶点,产生了巨大的动人力量。唐明皇为爱而哭,为情而哭,哭得亦真亦幻,肝肠寸断。唐明皇对杨贵妃充满悔意的痛哭是对他们之间爱情的升华,用帝王的哭来诠释对妃子的悔和爱,更进一步体现了唐明皇对杨贵妃的无限爱恋和坚贞的爱情。唐明皇的悲痛之情是整出戏的感情核心,而这种悲痛之情主要以哭为倾泻的出口,所以人们又将这两部分情节合起来称为"哭像"。由于这两部分情节是整出戏的主要部分,因此作者就把这出戏取名"哭像"。《哭像》中唐明皇触景生情,多在回忆中抒发自己自责、忏悔、悲痛等错综复杂的情感。往昔幸福的生活和悲惨的现实形成生与死的鲜明对比,用美好爱情的毁灭来激起内心巨大的悲痛,而那深切的悔恨与爱恋交织的复杂情感更是惊天地、泣鬼神。在感情的抒发和语言的锤炼上也下足了功夫,用精美优秀的曲词表达了真切动人的感情,达到了文情并茂的艺术效果。《哭像》是优美的语言和动人的感情完美统一的精品,至今仍广为传唱。

三 政治背景下的帝妃之恋——《长生殿》的主题思想

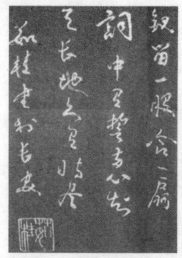

白居易《长恨歌》

《长生殿》是借离合之情，写兴亡之感的一部力作，也是一部抒情诗式的爱情悲剧和政治悲剧。洪昇在《长生殿自序》中说："余览白乐天《长恨歌》及元人《秋雨梧桐》剧，辄作数日恶。"全剧共50出，规模宏大，内容复杂。作者发挥自己的创造性，使李、杨的爱情故事这个传统题材有所发展，广泛地展开了对当时社会、政治的描绘。《长生殿》的思想内容有着不可分割的两个方面，演绎出两个重要的主题，即所谓爱情主题和政治主题。

一方面作者通过李隆基和杨贵妃的故事从爱情角度热情颂扬李、杨真挚的生死不渝之恋。

洪昇明白地在《长生殿·传概》中表示说："今古情场，问谁个真心到底？但果有精诚不散，终成连理。万里何愁南共北，两心那论生和死……借太真外传谱新词，情而已。"全剧长达五十出，自始至终围绕一个"情"字展开。剧中作者去除了以前戏曲小说中一些"涉秽"的情节，使李、杨故事净化、升华而成为不朽的至情，对李、杨爱情的描写，说明作者对李、杨的情缘充满了同情和赞赏，要借助这个爱情故事

歌颂人间真挚的爱情。

李、杨爱情的发展经历了两个阶段，第一阶段从《定情》到《埋玉》，作者生动细腻地敷演出李、杨爱情的发展过程，富于深刻的现实性。从唐明皇杨贵妃《定情》发端，描写了他们奢靡的生活和爱情的发展。最一开始，贵为天子的唐明皇虽然对这个"庭花不及娇模样"的美人儿疼爱有加，但对杨贵妃并非是情有独钟，专宠其一人的，他对梅妃不能忘情，又贪恋虢国夫人。杨玉环对唐明皇始终感情如一，她恐怕被别人夺去了恩宠，因此猜忌、娇妒，唐明皇一怒之下，把她贬出宫去。后来唐明皇对杨贵妃的感情逐渐趋于专一，从帝王对后妃

李、杨经过生死之别，爱情又上升到一个新的高度

肤浅的声色之欲发展到普通夫妇情重恩深的真心之爱，爱情日益趋向真挚。唐明皇李隆基与贵妃杨玉环之间的爱情，经历了相知、相许、相爱、相誓等种种波折之后，已由甘美成熟走向绚丽多姿。《密誓》就是一个转折点，将两人的爱情故事发展到高峰。马嵬之变《埋玉》，迫使李隆基赐死杨玉环，导致生离死别的爱情悲剧。经过了生死之别，爱情又上升到一个新的高度。下半部着重描写他们的刻骨相思，寄以更多的同情和赞美。《冥追》《闻铃》《情悔》《哭像》和《雨梦》等出集中地描写

他们死抱痴情、生守前盟的精诚。二人尘世、仙界，苦苦思念，情意绵绵，具有浓厚的理想性。二人的真诚忏悔，一个情愿放弃太上皇之位，早早结束生命到黄泉之下以与爱人厮守；一个宁愿抛弃神仙之籍，不惜再受人间折磨而与情人续缘。这份生死不渝、执著伟大的情感最后感动天地鬼神，让他们同登仙录，升入忉利天宫。"精诚不散，终成连理"的坚贞爱情得到了生死的考验，"念情之所钟，在帝王家罕有"的李、杨之恋终于得到一个永久团圆的结局，从而以精神的"长生"消解了现实的"长恨"。《长生殿》中

320 年前，洪昇创作了《长生殿》并轰动一时

所描写所宣扬的"情"，冲破时空的束缚，超越生死仙凡的界限，不受世俗利害关系的纠缠，为传统的李、杨故事注入了新的质素。而在对李、杨爱情生活的赞扬和对他们爱情悲剧的惋惜中也体现了作者理想中的爱情观念。

另一方面又以李、杨爱情生活为线索，揭开了"安史之乱"前后广阔的社会背景，寄托了作家的民族意识和家国兴亡的感伤情绪。

全剧的题旨主要还在政治方面，《长生殿》的自序中说："然而乐极哀来，垂戒来世，意即寓焉"，可见作品思想的复杂正是和作者的创作意图联系着的。就政治主题而言，它以开元、天宝年间的广阔的社会生活和重大的历史事件为背景，真实地揭示了唐代天宝年间复杂深刻的民族矛盾和阶级矛盾，揭示了"安史之乱"的根本原因，暴露了封建统治阶级的反动本质，表现了一代王朝由盛而衰，走向没落的命运。通过历史的再现，总结了历史教训，曲折地表达了作者的民族意识和爱国思想。洪昇有意识地把李、杨爱情与唐代"安史之乱"联系起来，因为李、杨是最高统治者，他们在爱情上所表现的荒淫昏乱，必然给政治带来严重的后果。对封建帝王和妃子的"逞侈心而穷人欲"，

华清宫

政治背景下的帝妃之恋——《长生殿》的主题思想

引发"祸败随之",以致朝政败坏，藩镇叛乱，造成他们自身的爱情悲剧，进行了有力的抨击，并没有因为肯定李、杨的爱情而原谅他们对国家灾难应当承担的责任。作品中揭露了唐明皇的昏庸荒淫、穷奢极欲、祸害人民的罪恶。

华清宫一角

剧中李、杨爱情被置于现实的宫廷内部展开。杨玉环的专宠和以梅妃为代表的其他嫔妃失宠的矛盾，从而把后宫女性互相排挤、倾轧的残酷性暴露无遗。而唐明皇在追求个人爱情的同时忽略了自己作为皇帝对国家和人民应负的责任，最终造成政治腐败混乱、国力衰微的局面。他误任边将，将权力委交给奸臣，给国家带来了巨大灾难。因唐明皇专宠杨贵妃，杨家一人得道，鸡犬升天。作者对封建统治集团作了无情的揭露，愤怒地抨击了弄权误国的杨国忠。杨国忠骄奢淫逸，"外凭右相之尊，内恃贵妃之宠"，明目张胆地卖官鬻爵、纳贿弄权。他可以接受贿赂，为安禄山掩盖罪状，使一个死罪的军犯做了高官，与安禄山狼狈为奸，埋下了"安史之乱"的祸根。而当安禄山得势后，他为了专权，又排挤他出朝，并有意激变，以证明自己"忠言最早"。《禊游》《疑谶》等出中，

《长生殿》剧照

描述了杨氏家族的奢侈生活。作者从"逞侈心、穷人欲"为祸败之源出发，进而揭示了统治者所加于人民的灾难。《进果》中，送荔枝的驿马踏坏了庄稼，踏死了人，这些都是对统治者的正面控诉，与《禊游》中所描绘的情况形成鲜明的对比。李、杨的爱情几乎导致王朝的覆灭，他们也因此葬送了自己的幸福。剧作将唐明皇和杨玉环的爱情悲剧和整个时代的社会历史悲剧统一起来，让人认识到个人情感的可贵及其局限性，也表现出作者清醒的历史和政治意识，寓故国之思于明皇贵妃的浓情蜜意之中，抒发出国破家亡的感慨。

《长生殿》歌颂了李、杨的爱情，
同时也揭露了当时腐朽的政治

　　《长生殿》中的两大主题思想并不是并
列或不相关联的两条线，两大主题生发出写
爱情与政治的矛盾。作者对爱情主题和政治
主题相互对立的描写独具匠心，以矛盾的态
度来表现他们的爱情生活。因为李、杨的爱
情有明显的二重性，一方面他们忠于爱情，
作者肯定了他们的这种"至情"；另一方面，
他们这种帝王后妃的爱情生活又给民族带来
灾难，给国家造成倾危，又是应当批判的。
这种矛盾在《长生殿》里没有能够很好地统
一起来。剧作中李、杨"占了情场"与"误
了朝纲"的矛盾，只是作者探索人生哲理的
一个外显层次，它的内在追求是从这一对表

政治背景下的帝妃之恋——《长生殿》的主题思想

《长生殿》中忘我的爱情与社会矛盾形成鲜明对照

面的矛盾中去挖掘内在的哲理蕴含，那就是忘我的爱情与其社会角色的矛盾是永远难以克服和弥合的。《长生殿》的思想内容从李、杨爱情主题的深化，从对现实社会的揭露，都反映了作者的进步思想，体现了洪昇垂戒来世的创作意图。

四 《长生殿》的人物形象分析

丰腴娇美的杨贵妃

洪昇在《长生殿》剧作塑造了一系列的人物：皇帝、后妃、丞相、边将、宦官、神仙、乐工等，展现了唐朝开元、天宝年间朝政社会的广阔的生活画面。

（一）杨贵妃——"回眸一笑百媚生六官粉黛无颜色"

杨贵妃是中国历史上一位美丽、性感的女人，凝脂细腻的肌肤、丰腴娇弱的体态、典雅繁复的服饰，使她像那高贵的牡丹花一样盛开在大唐盛世。作为一个真实的历史人物，杨玉环很早就进入了文学领域，诗歌、小说、戏曲等许多艺术形式都反复塑造过这一人物。在《长生殿》里，杨玉环是唐明皇的爱妃，具有丰富的个性内涵。洪昇以其独到的特色处理为我们创造了一个多彩动人、丰满独立的文学典型。

杨贵妃以其美艳绝伦和多才多艺赢得了唐明皇的钟爱。

在古代社会，尤其是宫廷中的女子多以美色作为衡量自己存在价值的标准，也是她们用以提高自身处境和地位的有力武器；对于拥有最高权势的男子与绝色美女相结合，也自然被看做是最值得称羡的爱情模式。唐明皇和杨玉环就是处于这样的

大唐芙蓉园

模式中，一个是位高权重的大唐天子，一个是美貌与才艺并存的风韵佳人。在《定情》一出中，唐明皇毫无避讳地直接说明："昨见宫女杨玉环，德性温和，丰姿秀丽。卜兹吉日，册为贵妃。"明白地显示出，杨玉环首先就是以其绝色美貌吸引了这位权势显赫、威风凛凛、处于统治集团金字塔尖的皇帝的目光。《春睡》中，杨玉环自述："奴家杨氏……性格温柔，姿容艳丽。温揾罗袂，泪滴红冰；薄试霞绡，汗流香玉。"宫女们看着装扮好的贵妃娘娘，不禁说"看了这粉容嫩，只怕风儿弹破"。《长生殿》中用大量华丽的语言，细腻的笔触，描画出杨贵妃柔媚的娇态。无论是始承恩泽"侍儿扶起腰肢，娇怯怯难存难坐"，还是晚妆新试时"似迎风

大唐芙蓉园一角

大唐芙蓉园一景

《长生殿》的人物形象分析

杨贵妃有着花王牡丹般的雍容华贵

袅袅杨枝，宛凌波濯濯莲花"；无论是沐浴时"轻盈臂腕消香腻，绰约腰身漾碧漪"，还是醉酒后"态恹恹轻云软四肢，影蒙蒙空花乱双眼"；无论是舞蹈时"逸态横生，浓姿百出"，还是休憩时"红玉一团，压着鸳衾侧卧"，杨玉环都以其绝代的风韵和花王牡丹般的雍容华贵，牢牢地吸引住了唐明皇的目光，抓住了唐明皇的心，使得六宫粉黛都大为失色，三千宠爱集于一身。

在《长生殿》里，杨贵妃无疑是美的化身，作者不但糅合了历代文人对杨贵妃外貌美艳的描画，又格外突出了她的聪明才智和文艺才能。唐明皇本身就是一个有着很高文艺造诣的风流天子，而杨贵妃的才情和智慧更成为她追求美好生活的王牌。杨贵妃夜闻"霓裳羽衣"之曲，为其清高宛转的韵律所震惊，醒来后便将音节无差地记录下来，重新拟定新谱。当唐明皇看到时不禁大为惊叹："好奇怪，这谱连寡人也不知道。细按音节，不是人间所有，似从天下，果曲高和寡。"并对杨贵妃的才气褒扬有加："妃子，不要说你娉婷绝世，只这一点灵心，有谁及得你来？""恁聪明，也堪压倒上阳花。"即使在"安史之乱"爆发之际,二人在园中花间游赏,杨贵妃轻启朱唇绣口,歌唱李白的《清平调》,唐明皇以玉笛相和。杨贵妃的音乐才华在历代后妃中是少见的,她不但通音律,更善歌舞。《舞盘》一出中杨贵妃一身飞上翠盘中"浑一似天仙,月中飞降"。更是博得了唐明皇真心的赞扬与怜爱。

杨贵妃高超的音乐舞蹈艺术修养让唐明皇为之倾倒,也使得她与唐明皇志趣相近,性格相似,都将彼此视为艺术知音和精神伴侣,引发了唐明皇超出帝王欲念以外的普通人的真情实感,为后来情节中情感的发展奠定了基础。

杨贵妃在温柔、娇弱中更显骄纵、悍妒的性格特点。

在封建社会,即使是在较为繁盛开放的唐朝,妇女的地位还是很低的,"在家从父,出嫁从夫""夫为妻纲"这些传统的观念是女子必须遵从的。杨贵妃不但是封建社会的女子,更是宫廷中的一个后妃。她的丈夫是皇帝,她的丈夫不仅是她的,也是其他嫔妃的。按理说,无论是从君臣还是从夫妇的角度来看,杨贵妃都应该对唐明皇百依百顺、

古代女子社会地位低微,此图为林氏贞孝坊

《长生殿》的人物形象分析

《虢国夫人游春图》

唯命是从。然而事实上，杨玉环却在争宠、妒宠过程中显示出了她骄纵、悍妒的性格特点。

洪昇在剧作中花了相当大的篇幅去描述杨玉环对唐玄宗周围其他女性的嫉妒、排斥，体现了她的骄纵、悍妒的性格特点。在争夺君王的爱情时，她对敌手是毫不留情的。《傍讶》中唐明皇因虢国夫人"淡扫蛾眉""天然无赛"之美而痴迷，可这"并头莲傍有一枝开"却使得杨贵妃怕夺了恩宠，大闹了一番，"娇痴性，天生忒利害""情性多骄纵"让杨贵妃吃了一回苦头，被遣送出宫，由于唐玄宗的思念才被复召。皇帝身边的美人又何止虢国夫人一个，即使杨贵妃已得三千宠爱，可又时时不免有"日久恩疏"的惊恐。《夜怨》一出担心唐明皇与梅妃旧情复燃，狠绝、骄纵地说："江采苹，江采苹，非是我容你不得，只怕我容了你，你就容不得我也！"《絮阁》一出中，杨贵妃仍不顾利害地到翠华阁去与梅妃争宠，还要将定情的钗、盒还给唐明皇。唐明皇慌忙遮掩、应付，也知她是"情深妒亦真"，再三赔礼认错，才哄得杨贵妃"领取钗、盒再收好，度芙蓉帐暖今宵，重把那定情时心事表。"

杨贵妃温柔、娇弱的性格使得唐明皇怜爱、着迷，可在后宫深苑中，骄纵、悍妒的性情也保证了唐明皇对她的专情和忠贞。

梅妃塑像

《长生殿》的人物形象分析

不尽温柔汤泉水，千古风流华清宫

对唐明皇的忠贞与深情使得杨贵妃的形象更加光彩照人。

洪昇在《长生殿》将杨贵妃塑造成一个典型的以情为重的女子，她忠情、痴迷于唐明皇，为了得到唐明皇的专情，她勇敢地与其他嫔妃争宠，甚至以君王为重，为爱牺牲。

在七夕《密誓》一出中，杨贵妃深知自己所得天子的恩宠，六宫之中无人能及，只她想要的不是一时的贪欢与浮华。倘若他日唐明皇对她恩移爱更，自己一定也会像其他后妃一样，如居冷宫，独自凄然落泪。"若得一个久长时，死也应；若得一个到

头时，死也瞑。"她要的是唐明皇一生一世的爱恋。当唐明皇许下永不相离的海誓山盟，感动了杨贵妃，立下"今夕之盟，妾死生守之矣"的诺言。

"安史之乱"爆发，在马嵬驿，杨贵妃听到自己要被诛杀，否则御林军誓不护驾时，哭着说到"是前生事已定，薄命应折罚。望吾皇急切抛奴罢，只一句伤心话……"虽然心中有惊恐、有伤痛，但她着实不愿为难唐明皇。一句"痛生生怎地舍官家！"表达了杨贵妃所哭所伤为何，不为自己将死，而是舍不得唐明皇。她知道情势危急，唐明皇有心想救，可无力挽回，她心痛地跪下来，绝

一代佳人的离去，恰似满目的花瓣，让人深感惆怅

望地肯求道："臣妾受皇上深恩，杀身难报。今事势危急，望赐自尽，以定军心。陛下得安稳至蜀，妾虽死犹生也。算将来无计解军哗，残生愿甘罢，残生愿甘罢！"杨贵妃在生死关头是无私的，当她挚爱的人处境危险，贪恋生命，无法决择时，不是哀怜地求生，而为爱请死，以换取对方的安全和国家的稳定。一个柔弱的被人呵护的女子有如此慷慨赴义的胸怀和无畏奉献的精神是令人敬佩和感动的。可当她终于听到唐明皇那句放弃的话时悲痛欲绝。一句"妃子既执意如此，朕也做不得主了。高力士，只得但、但凭娘娘罢！"将杨贵妃积郁在心中的爱恨恩仇一下子迸发出来，声嘶力竭地叫了一声"万岁——!"哭倒在地。这一声呼唤有太多的悔恨、太多的痴怨、太多的不舍、太多的留恋。即使在临死前，杨贵妃放心不下的还是她的陛下。她嘱咐高力士道："高力士，圣上春秋已高，我死之后，只有你是旧人，能体圣意，须索小心奉侍。再为我转奏圣上，今后休要念我了。"体现了她对唐明皇心意的透彻了解和理解。这是何等的似水柔情，又是何等的情深意切。此外，她让高力士将唐明

皇赐与她定情信物钗盒用来殉葬，表明了自己不忘钗盒之情的痴心，即使不能再与爱人卿卿我我地缠绵在一起，有钗盒相伴也就心满意足了。在生死抉择的时候，她念于君王，就是临死前要求的这两件事都是与她舍不得的"官家"相关。最后她对君王终难忘怀："我一命儿便死在黄泉下，我一灵儿只傍着黄旗下。"表达了即使死也不相忘的决心和超越了物质欲望的坚贞爱情，也完成了她美好形象的升华。

在此后的《情悔》一出中，杨贵妃虽然对自己的重重罪孽真心忏悔，可却明白地表达"只有一点那痴情，爱河沉未醒"。"敢仍望做蓬莱的仙班，只愿还杨玉环旧日的匹聘！"表达了自己死后仍不愿放弃对唐明皇

绝世佳人香消玉殒

《长生殿》的人物形象分析

唐玄宗画像

的一片痴心，即使是不列入仙班，也宁愿回归昔日的生活，这种坚贞不渝和痴心不改使杨贵妃对感情坚贞专一、勇于牺牲的执著更加动人。

《长生殿》为我们展现了一个美艳绝伦、娇弱婉约、高贵典雅、能歌善舞的宫廷妃子的形象，她不仅有美艳的外貌、丰富的才情，更是对爱情执著和忠贞。可以说，洪昇笔下的杨贵妃形象的丰满、细腻是前所未有的。

（二）唐明皇——"弛了朝纲，占了情场"

唐明皇是《长生殿》男主角，与其他的爱情故事不同的是，唐明皇的角色不只是一个丈夫，还是一个皇帝。他这种伦理和政治上的双重身份，决定了他爱情之路的曲折与不凡。

寄情声色 风流误国

作为寄情声色的皇帝，李隆基倦于政事，耽于安乐，"弛了朝纲，占了情场"，把国家陷于苦难的深渊。

李隆基开始对杨贵妃只是一种美色之恋，一种出于肉欲的肤浅之情。在《定情》中说道："愿此生终老温柔，白云不羡仙乡"，

杨贵妃拥有国色天香之容貌，堪与牡丹媲美

并直白地表示"近来机务余闲，寄情声色。""昨见宫女杨玉环，德性温和，丰姿秀丽。卜兹吉日，册为贵妃。"正是杨玉环国色天香的美貌，才激发了唐明皇的爱恋。作者虽然为了主题的需要将宫闱内的风流韵事加以美化，但在《定情》《春睡》《幸恩》《窥浴》中，我们仍能清楚地看到唐明皇所过的艳色靡乱的生活。"今宵占断好风光，红遮翠障，锦云中一对鸾凰。""爱他，红玉一团，压着鸳衾侧卧。""妃子，只见你款解云衣，早现出珠辉玉丽，不由我对你、爱你、扶你、觑你、怜你！"尤其是对杨贵妃体态容貌的细致刻画，"下金堂，笼灯就月细端详，庭花不及娇模样，轻偎低傍，这鬓影衣光，掩映出丰姿千状""轻盈臂腕消香腻，绰约腰身漾碧漪。""出温泉新凉透体，睹玉容愈增光丽。最堪怜残妆乱头，翠痕干，晚云生腻。"这细腻、委婉的语言描画出杨贵妃的艳丽、娇媚，显而易见的是唐明皇对杨贵妃容貌美、体态美的喜好。但即使是貌美丰腴的杨贵妃也无法占据唐明皇全部的感情。贵为天子，性本风流，《长生殿》中的唐明皇不满足专情于杨贵妃一人，经历了两次移情别恋，先是宠幸蛾眉淡扫的虢国夫人，后又对昔日喜爱的梅妃旧情复燃，虽然都以杨贵妃的胜利收场，唐明皇及时挽救了几乎夭折的感情，但抹不去的是封建最高统治者沉于情色的形象。

如今的皇宫大殿之中已难再现曾经的繁华

洪昇与《长生殿》

威严的皇宫建筑里发生过多少动人的故事

　　沉溺于爱情之中没有错，忠情于所爱之
人也没有错。错就错在作为一代帝王，唐明
皇没有清醒地认识到他的所作所为，甚至是
为爱的付出，都直接或间接地对社会生活造
成影响。唐明皇与杨贵妃的爱情是在各种复
杂尖锐的社会矛盾和政治斗争中展开的，剧
中借人们的议论，直接、间接地将"安史之
乱"与唐明皇的沉迷女色、昏庸误国联系起
来。唐明皇为了博得妃子一笑，不惜敕令远
在万里之遥的涪州、海南两地，每年用驿马
贡送新鲜荔枝，贡使们日夜奔驰，沿途肆意

宫殿屋檐一角

踏坏庄稼、伤害人命，以致连驿吏们也不堪其苦，纷纷逃亡。唐明皇把自己的爱情建立在黎民百姓的痛苦之上，成为"安史之乱"的罪魁祸首。唐明皇因宠爱杨贵妃，赐杨家一门荣宠，三姐妹尽封夫人享尽荣华，生活在穷奢极欲之中，杨国忠拜为右相，专断朝政，纳贿揽权。应该说，唐明皇具有良好的执政才能，是一个有功绩的皇帝，"山河一统皇唐""真个太平致治，庶几贞观之年"，但"安史之乱"使他的功绩毁于一旦，成了历史上的罪人。

钟情所爱　至死不渝

在经历了种种波折后，唐明皇对杨贵妃的爱也逐渐发生了变化：从花心到专情，从肤浅的情色迷恋到深厚的真情实感，唐明皇也被塑造成帝王之家少有的钟情种子，他对杨贵妃至死不渝的浓烈深情感天动地。

《复召》一出，作者浓墨重彩地刻画了唐明皇失去了杨贵妃后懊悔、恼怒的心理。杨贵妃被唐明皇一怒之下遣走，"谁想佳人难得，自她去后，触目总是生憎，对景无非惹恨"。甚至连入朝谢罪的杨国忠他都觉得无颜相见，也无心饮酒听歌，想到高力士曾提起杨贵妃走时泪痕未干的面容更是寸心如割。端详着爱妃留下的青丝，想着往日枕边的香气，"肠断魂迷"。至此，纵使后宫仍不乏倾国倾城的佳丽，也抵不上一个杨玉环，那难以割舍的情感纠缠着这个痴情的大唐天子。自此以后，唐明皇不再只是沉迷于杨贵妃的美色，而是真心地赞美她的才艺，细心地呵护、怜惜她。《密誓》一出，唐明皇一洗其风流天子朝三暮四、喜新厌旧的本色，对杨贵妃真心相待。当杨贵妃表示担心唐明皇"恩移爱更"想得一个久长时，唐明皇坚定地说："朕和你焚香设誓去。"便温柔地携着妃子以双星为鉴，许下世世生生为夫妇的誓言。唐明皇对杨贵妃专一、纯洁而热烈的爱，使得牵牛和织女都为他们二人的真情所打动。即使在渔阳鼙鼓"惊破霓裳羽衣曲"的国破家亡之时，李隆基仍是那么怜香惜玉，不愿吵醒刚刚入睡的杨贵妃，不忍她遭受舟车之苦。自从马嵬之变，唐明皇亲眼目睹了杨贵妃为他慷慨赴死后，对杨贵妃的思念日日倍增，他悲叹："是寡人昧了她誓盟深，负了她恩情广。"此时的唐明皇抛却了皇帝的外衣，以一个孤寡老人的面目出现。他痴痴地坚守钗盒之情，杨玉环在他的心目中也不再是一个徒有姿色、供其赏

唐代长安城遗址

《长生殿》的人物形象分析

玩的女性，而是集美好品格和高贵情操于一身的女子。夜雨闻铃时他悲苦地说道："我独在人间，委实的不愿生。"祭奠杨贵妃的木像时，更是声声唤着"我那妃子啊"悲痛断肠。《见月》一出中"我想妃子既殁，朕此一身虽生犹死，倘得死后重逢，可不强如独活。孤独愧形骸，余生死亦该。惟只愿速离尘埃，早赴泉台，和伊地中将连理栽。"更是感人肺腑，表达了唐明皇对杨贵妃认真、炽热、专注的爱。

此外，唐明皇表现出的对御林军统领陈玄礼和叛军头目安禄山极端的愤恨，也从侧面烘托出唐明皇对杨贵妃的至深之爱，

唐代长安城古城门

洪昇与《长生殿》

体现了作为痴心情种的一代帝王所具有的悲
剧审美意义。

痛心忏悔　真心负罪

自杨贵妃缢死后，唐明皇对杨贵妃的刻
骨相思主要表现在负罪意识的流露。他的负
罪意识包括听信谗言、沉湎女色、昏庸误国
等，但是他内心深处最突出的负罪意识是忏
悔马嵬事变情急之时为贪恋王权的薄情负
盟。

护卫的军队发生兵变，乱刀砍死杨国忠，
威逼唐明皇处死杨贵妃。杨贵妃大义凛然，
自愿请死。处死杨贵妃并非唐明皇本意，确
实是无奈之举，可这无奈也是他为保全自己

长安城外风景如画

《长生殿》的人物形象分析

没有了爱妃的陪伴，整个皇宫在唐明皇眼中都了无生趣

怯懦、薄情的行为。此后，忏悔之心时时伴随着他，且负罪意识随着时间推移而积淀愈深。"我当时若肯将身去抵搪，未必他直犯了君王。纵然犯了又何妨。泉台上倒博得永成双。""只悔仓皇负了卿，负了卿！我独在人间委实的不愿生。语娉婷，相将早晚伴幽冥。"痛彻心扉的追悔和刻骨铭心的相思使得唐明皇只求能快点死掉，好与爱妃在天上相见。最后如愿与杨贵妃在月宫相见，更是亲自诉说心中的忏悔："乍相逢执手，病咽难言。想当日玉折香摧，都只为时衰力软，累伊冤惨，尽咱罪愆。到今日满心惭愧，诉不出相思万万千。"唐明皇对杨贵妃深深负疚之心赢得了双星的谅解，最后终于重补离别之恨，世居忉利天中。

洪昇善于对历史事件进行概括、提炼，他在戏剧冲突中刻画出了一个个具有鲜明性格的人物形象，除了唐明皇、杨贵妃这两个爱情故事的主人公外，还有穷奢极欲的贵戚，弄权误国的宰相，互相倾轧的权臣，趋炎附势的官僚，痛心疾首的志士，处于水深火热之中的人民等丰富多彩的艺术形象，使得《长生殿》更加丰富、完满。

五　《长生殿》的艺术特色

唐长安宫城遗址

（一）结构严谨细致，情节曲折多变，经、纬双线紧密配合。

《长生殿》长达五十出，各出剧目相互衔接，紧密结合，不时出现的伏笔照应更使得整个作品结构严谨细致，极见匠心，同时场次与场次之间苦与乐折对照、庄重与欢愉场面的交错展开，笼罩着全剧的气氛也随着剧情的发展而变化等等，这些都使得全剧取得了强烈的戏剧效果。

全剧以唐明皇、杨贵妃的爱情故事为经线，以社会政治、朝政军国之事的发展与演变为纬线来结构全剧，内容非常丰满，两条线交叉延展，两种不同内容的戏剧场面交替进行，彼此关联，冷热相济。虽情节错综复杂，但脉络却极其清晰分明，组合得紧凑而又自然，这样场面宏大的戏剧情节却不失精巧设置。在唐明皇、杨贵妃这条爱情主线中，作者又以富有象征意义的物件，即一对金钗和一只钿盒贯穿始终，而且每次出现都有不同的寓意，上半部开始是定情之物，马嵬坡殉葬是失盟的表现；下半部杨贵妃鬼魂把玩是写失情之怨，最后是用以证情，重圆结案。金钗和钿盒随着情节和人物命运的变化由合而分，由分而合，既使全剧的情节有着内在的联系，又体现了主人公悲欢离合的变化。与此主线相应的是，作者又巧妙地把宫廷内外的政治与社会生活情景相互交叉映衬，融为一体，使剧情既丰富多彩，又层次分明。经、纬两条线索互相穿插，自然而又紧密地扭结在一起，达到了波澜起伏又曲折有致的艺术效果，体现着"占了情场，弛了朝纲"的戏剧主旨。从而将传奇剧的创作推向了新的艺术高度。

马嵬坡殉葬地

（二）现实主义与浪漫主义相结合的创作手法。

《长生殿》兼用了现实主义和浪漫主义的创作手法。一方面继承了《梧桐雨》《浣纱记》的传统，通过爱情故事反映一代兴亡，在揭露和批判方面较多地采用现实主义手法；另一方面又继承了《牡丹亭》的传统，通过幻想的情节歌颂感天动地的理想爱情，显示出浪漫主义的特色。

大体上说，前半部采用的是现实主义手法，后半部分采用的则是高超的浪漫主义手法。上卷第二十五出《埋玉》之前写人间事，以写实为主，真实地描写了封建统治者荒淫腐朽、统治集团内部的争夺倾轧、人民群众的不幸遭遇，同时作者对封建统治阶级的昏庸腐朽、鱼肉人民的罪恶进行了揭露和批判，这些基本上采用的是现实主义的创作方法。下部《埋玉》之后

《长生殿》揭露了封建统治阶级的昏庸腐朽

洪昇与《长生殿》

李、杨二人的爱情如同盛开的花儿，绚丽浪漫

多写仙界事，以幻想为主，通过幻想的方式，表现李、杨天上人间、生死不渝的爱情，抒情比重较大，主要采用浪漫主义的方法。作者虽然谴责了李隆基因宠爱杨玉环而致国事败坏，无法收拾，然而对他们两人的爱情悲剧却很同情。他写李隆基退位后对过去之事有所悔悟，在深宫中为思念杨玉环而无限痛苦。他让杨玉环的幽魂也知道忏悔，一直怀念上皇。由于这种深情，两人终于在月宫重新团圆。现实主义描写与浪漫主义表现前后辉映，使得上下卷各有侧重，但却有机地统一在一起。

　　洪昇还成功地创造了梧桐、霓裳羽衣、

梧桐树

金钗钿盒、乞巧、银河等意象，为作品增添了浪漫色调。

"梧桐"是一种树，《诗经》中有："凤凰鸣矣，于彼高冈。梧桐生矣，于彼朝阳。"作为一个词是文学作品中常有的意象，唐代孟浩然就有"微云淡河汉，疏雨滴梧桐"的诗句；孟郊《烈女操》中有"梧桐相待老，鸳鸯会双死"。白朴的杂剧《梧桐雨》中有"是兀那窗儿外梧桐上雨潇潇"等。"梧桐"多象征着分离，与凄凉、离别之感相联系。《长生殿》这部爱情悲剧中多次出现"梧桐"这一具有独特意义的词。第二十二出《密誓》中，七夕之夜，唐明皇、杨贵妃在月下海誓山盟，更加深了彼此的感情，欲长相厮守。作者却在此埋下了伏笔，写道："秋

梧桐多象征着分离

《长生殿》这部爱情悲剧中多次出现"梧桐"这一具有特殊意义的词汇

光静，碧沉沉轻烟送暝。雨过梧桐微作冷，银河宛转，纤云点缀双星。"预示着离别。杨贵妃缢死马嵬坡正圆了"梧桐"的征兆。第四十一出《见月》中两支〔夜雨打梧桐〕的曲子，"霜般白，雪样皑，照不到冷坟台。好伤怀，独向婵娟陪待。蓦地回思当日，与你偶尔离开，一时半刻也难捱，何况是今朝永隔幽冥界。〔泣介〕我那妃子啊，当初与你钗、盒定情，岂料遂为殉葬之物。欢娱不再，只这盒钗，怎不向人间守，翻教地下埋。〔叹介〕咳，妃子，妃子，想你生前音容如昨，教我怎生忘记也！""长生殿，曾下阶，细语倚香腮。两情谐，愿

雨过梧桐微作冷

洪昇与《长生殿》

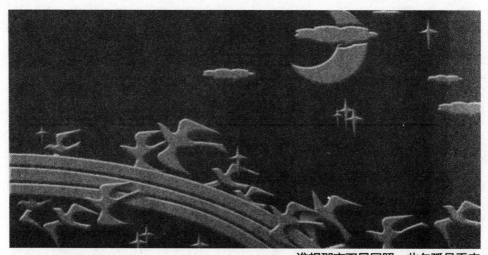

谁想那夜双星同照，此夕孤月重来

结生生恩爱。谁想那夜双星同照，此夕孤月重来。时移境易人事改。月儿，月儿，我想密誓之时，你也一同听见的！记鹊桥河畔，也有你姮娥在，如何厮赖！索应该，撺掇他牛和女，完成咱盒共钗。"何等的凄凉与伤感，也只有借助这雨夜中的梧桐才能这样深刻地表达出来吧。第四十五出《雨梦》多次使用"梧桐"意象，"西宫南内多秋草，夜雨梧桐落叶时""纷纷泪点如珠掉，梧桐上雨声厮闹。只隔着一个窗儿直滴到晓"等，将唐明皇晚境的悲凉和对杨贵妃的深切思念淋漓尽致地表达了出来，自然贴切地营造了一种悲剧的氛围，表达了作者对二人爱情悲剧的深刻同情。

"霓裳羽衣"在剧中二十多出中都有出现，

形成了又一条纽带，贯穿全剧，它是李、杨悲欢离合的爱情见证，也传达出作者心中理想与现实冲突的感慨与悲哀。第十一出《闻乐》"携天乐，花丛斗拈，拂霓裳露沾。迥隔断红尘茌苒，直写出瑶台清艳。纵吹弹舌尖玉纤韵添，惊不醒人间梦魇，停不驻天宫漏签。"这似乎暗示"霓裳"将是人世间悲欢离合的见证。第三十九出《私祭》中，永新、念奴悲叹道："唉，'霓裳'一曲倒得流传，不想制谱之人已归地下，连我每演曲的也都流落他乡。好伤感人也。""言之痛伤，记侍坐华清，同演'霓裳'。玉纤抄秘谱，檀口教新腔。""蓦地相逢处各沾裳"。他们为杨贵妃和自己的遭遇深感悲切，也激发了霓裳曲见证之人的兴亡之感。第四十出《仙忆》中，已位列仙班的杨玉环接月主娘娘之命令交出霓裳新谱，却告知仙子"谱虽取到，只是还须誊写才好"。因为"字阑珊，模糊断续，都染就泪痕斑"。这一曲"霓裳"沾染的斑斑泪痕包含着李隆基对自己的恩爱，包含着自己浮云般的富贵荣华，包含了太多太多的无奈与辛酸。

（三）历史的真实与艺术的虚构相互

《霓裳羽衣舞》剧照

洪昇与《长生殿》

依存。

《长生殿》所关涉的李、杨的爱情、"安史之乱"以及相关的杨国忠、安禄山、郭子仪都是在历史上真实存在的。对于同一件事、同一个人，科学和文学的对待方式是不同的。科学要还原历史本来面貌，揭示事实真相；文学则允许在现实的基础上，在尊重历史的基础上，以作家的主观意愿表达自己的某种思想或情感。洪昇的《长生殿》在创作时，对历史加以艺术的加工，使其既真实可信，又具形象生动的美感。

《霓裳羽衣曲》表明唐代大曲已有了恢弘而多变的曲体

例如，历史上的杨玉环在成为唐明皇的妃子前曾是寿王瑁的妃子，相传她和安禄山也有交往，这都妨碍杨玉环成为一个光洁的和温柔敦厚的艺术形象。洪昇为了在女主人公身上寄托自己的爱情理想，为了突出杨玉环形象的纯洁性，表现李、杨爱情的真挚，对史料进行了精心的加工剪裁，有意识地避免用有损于杨玉环形象的秽迹材料，使其不会对表现男女主人公的爱情有消极不利的影响，所以"凡史家秽语，概削不书""非旦匿瑕，亦要诸诗人忠厚之旨云尔"。从人物到故事，《长生殿》的作者都寄寓着自己的理想，本来可以有较多的艺术创造成分。作

《长生殿》曲词

者并没有用谴责的笔调来描写后宫之间后妃们的争宠吃醋;杨贵妃的死从咎由自取变成为爱为国家的无畏奉献;唐明皇也从沉溺享乐的历史形象转化为以痴情感人为主的艺术典型;对于影响重大,对国家政治具有致命破坏性的李、杨的爱情寄予了深切同情,并让他们以美满的大团圆局面收场。杨玉环、李隆基这两个主要的人物形象融合了历史的真实与艺术的虚构,显示了作者高超的艺术技巧。

(四)曲词清丽流转,充满诗情画意,符合人物性格,极具形象性与抒情性。

《长生殿》曲词典雅清丽,抒情性强,历来为人们所称道。作者继承了元曲的传统,吸收了其中丰富的语言艺术营养,化俗为雅,创造出生动活泼且又充满诗意的戏剧语言。此外《长生殿》的曲文较多地化用了唐诗、宋词中的名篇佳句,不失诗词曲语的典雅,形成清丽流畅、别具一格的语言风格。《长生殿》不仅注重语言本身的提炼,同时注意曲词本身与剧中情节人物的配合关照、水乳交融,具有浓厚的抒情性,善于融情入景的语言,形象地传达出人物的内心感情及心理活动,同时富于性格化和动作性，不同人物有不同的曲辞风格。如《闻铃》一出，运用诗歌中情景交融的手法，把唐明皇失去杨贵妃的复杂心理揭示得淋漓尽致，"朕与妃子，坐则并几，行则随肩。今日仓促西巡，断送她这般结果，教寡人如何撇得下也""只悔仓皇负了卿，负了卿！我独在人间，委实的不愿生"等明白如画，却又意境深远，"无边落木响秋声，长空孤雁添悲哽""对这伤情处，转自忆荒茔。白杨萧瑟雨纵横，此际孤魂凄冷"等流转着诗意的悲伤。《弹词》一出中从金钗钿盒定情弹唱到銮舆西巡，低回深郁，曲曲动人。"破不刺马嵬驿舍，冷清清佛堂倒斜。一代红颜

唐代《宫乐图》

《长生殿》的艺术特色

《长生殿》声情并茂充满诗意

为君绝，千秋遗恨滴罗巾血"，这些唱词很好地把环境气氛与人物性格特征结合起来，充满诗意。"六转"一曲，更是大量运用了叠词和衬字的方法，曲词慷慨悲凉，节奏铿锵顿挫，达到了文情与声情的完美统一。

洪昇深通音律，又得到当时专门研究音律的徐麟的订正，所以《长生殿》在音律方面的成就一向受到曲家的推崇。全剧音律精工和谐，曲牌运用得体，前一折和后一折的宫调决不重复，曲调的选择都紧密配合剧情的变化，运用北曲、南曲的各种曲调，都有细致的安排，即使在一折剧中，对曲牌的安排也很注意。其中一些为人们传诵的折子如《惊变》《骂贼》《闻铃》等更能结合剧情的需要，运用不同的格调，酝酿环境气氛，突出人物性格特征。遣词用韵方面，字字审慎，真正做到了曲辞和音律俱佳，文情与声情并茂。

　　唐明皇与杨贵妃的故事已出现在许多文学作品中，洪昇的《长生殿》是这其中的佳作，也是戏曲中的上上之品。清代文人梁廷楠在《曲话》中评论道："钱塘洪昉思昇撰长生殿，为千百年来曲中巨擘。以绝好题目，作绝大文章，学人、才人，一齐俯首。自有此

长空落日鸿雁

《长生殿》的艺术特色

唐明皇和杨贵妃的爱情故事虽已落幕，但
《长生殿》在艺术上的影响却远未结束

雨打梧桐，倍添愁苦

曲毋论《惊鸿》、《采毫》空惭形秽，即
白仁甫《秋夜梧桐雨》亦不能稳占元人词
坛一席矣。"三百多年后的今天，《长生殿》
在昆剧界和戏曲界仍享有盛誉，是我国文
化遗产中史诗性的文学巨著。

洪昇与《长生殿》